# DIE HERZEN IN DIE HÖHE

## Gebete für alle Sonntage

### von Heinz Gerlach

# DIE HERZEN IN DIE HÖHE

## Gebete für alle Sonntage

### von HEINZ GERLACH

Verlag Lydia Gerlach · Arolsen

CIP - Titelaufnahme der Deutschen Bibliothek

> **Gerlach, Heinz:**
>
> Die Herzen in die Höhe: Gebete für alle Sonntage / von Heinz Gerlach. - Arolsen : Gerlach, 1993
>
> ISBN 3-922219-76-4

**ISBN 3-922219-76-4**

© 1993 Verlag Lydia Gerlach, Arolsen
Alle Rechte vorbehalten
Buch- und Offsetdruckerei H. Kombächer, Marburg
Printed in Germany

## VORWORT

1986 erschien das Gebetbuch "Atem des Gottesdienstes". Die Nachfrage ermutigt mich, einen Folgeband vorzulegen - diesmal sogar für alle sechs Perikopenreihen konzipiert. Die Gebete erwuchsen aus den Predigttexten über sechs Jahre hin. Ihnen sind Fürbitten angefügt, die das Wochenthema oder allgemeine Anliegen zur Sprache bringen.

Der Eingangspsalm, den ich durch eigene Paraphrasen hier und da ergänzt habe, wird auf ein geteiltes Echo stoßen. Es spricht vieles dafür, diese ältesten Gebete im vertrauten Wortlaut unverändert beizubehalten. Nimmt man jedoch ihr Anliegen ernst - nämlich Sprachhilfe zu eigenem Beten zu sein -, so sind Ergänzungen geradezu erwünscht. Man verstehe sie als den Versuch, den Übergang von vertrauten Formulierungen hin zu eigener Sprache anzudeuten. Um der Klarheit willen sind die paraphrasierenden Formulierungen in Klammern gesetzt, so daß sie von dem übersprungen werden können, der sie nicht mag.

Jeder hat seine eigene Sprache. Das ist gut so. Das schränkt aber die Benutzbarkeit fremder Gebete ein. Wer als Vorbeter Gebete aussucht oder für die Gemeinde formuliert, muß sich darum bemühen, eine Sprache zu finden, die weit genug ist, damit viele sie sich aneignen und mit persönlichem Inhalt füllen können. Je konkreter Formulierungen sind, desto griffiger, aber auch exclusiver sind sie. Je weiter sie sind - siehe das Vaterunser! - desto mehr Menschen können diese "Leerformeln" in Mündigkeit mit Eigenem selber füllen.

Was das Gebet zu leisten vermag, und wie wichtig es ist, möchte ich durch ein Zitat von Gregor von Nyssa unterstreichen:

"Durch das Gebet wird die Verbindung mit Gott hergestellt: Wer aber mit Gott verbunden ist, ist notwendig von dem geschieden, was Gott widerstrebt. Darum ist das Gebet die Zügelung des Zorns, die Unterdrückung des Hochmuts, die Befreiung von Rachsucht, die Ausrottung des Neides. Gebet ist Stärke des Leibes, Gedeihen der Familie, Gesetzlichkeit im Staat, Bürgschaft des Friedens. Das Gebet ist die Treue in der Ehe, der Wächter der Schlafenden, die Zuversicht der Wachenden, die Erholung der Müden, die Aufrichtigkeit der Bedrückten, der Trost der Trauernden, der Kranz der Brautleute, die Verherrlichung der Geburtstagsfeier, das Sterbegewand der Verschiedenen. Das Gebet machte dem Jona das Seeungeheuer zur Wohnung, brachte den Hiskia von den Pforten des Todes zum Leben zurück; den drei Jünglingen im Feuerofen verwandelte es die Flammenglut in Tauwind. Es gibt nichts Höheres als das Gebet."

**Arolsen, Frühjahr 1993**　　　　　　　　　　　　　　**Heinz Gerlach**

# ERSTER ADVENT

**Wochenspruch:** Siehe, dein König kommt zu dir, ein Gerechter und ein Helfer.     Sach 9,9

## PSALM

Du, Tochter Zion, freue dich sehr, und du, Tochter Jerusalem, jauchze! Siehe, dein König kommt zu dir, ein Gerechter und ein Helfer.

Machet die Tore weit und die Türen in der Welt hoch,
    daß der König der Ehre einziehe!
Wer ist der König der Ehre?
    Es ist der Herr, stark und mächtig;
    der Herr, mächtig im Streit.
(Ihr fragt, wem alle Ehre gebührt?
    Es ist der Herr, unser Gott;
    er wird das letzte Wort haben.)
Machet die Tore weit und die Türen in der Welt hoch,
    daß der König der Ehre einziehe!
(Bereitet euch zum Empfang,
    damit der zu euch kommt, dem alle Ehre gebührt.)
Wer ist der König der Ehre?
    Es ist der Herr Zebaoth;
    er ist der König der Ehre.

Du, Tochter Zion, freue dich sehr, und du, Tochter Jerusalem, jauchze! Siehe, dein König kommt zu dir, ein Gerechter und ein Helfer.

nach Sach 9,9/Ps 24

# ERSTER ADVENT

## KOLLEKTENGEBET

Jesus Christus, Herr und Bruder, wir warten auf dein Kommen, damit dein Licht aufleuchte in uns und um uns. Wir bitten dich: Bahne du dir einen Weg in unsere Herzen, laß uns teilhaben an deinem Licht, der du mit dem Vater in der Einheit des Heiligen Geistes lebst und regierst von Ewigkeit zu Ewigkeit. Amen.

## GEBET

**zur Reihe I:** Einzug in Jerusalem (Mt 21,1-9)
Gott, gütiger Vater, du kommst zu uns in unscheinbarer Gestalt. Ein Esel zeigt es an: Dein Sohn ist der Lastenträger schlechthin. Er nimmt die Sünde der Welt auf sich. Im Dienen besteht sein Herrschen. Herr, dein Kleinwerden zeigt deine Größe. Hilf uns, daß wir dich aufnehmen in unser Leben, daß wir dich einziehen lassen in unser Innerstes.

**zur Reihe II:** Der Tag des Heils ist nahe (Rö 13,8-14)
Gott, gütiger Vater, du hast dich in deinem Sohn ausgeliefert an deine Geschöpfe. Du gehst uns nach und klopfst an unsere Türe. Wir bitten dich: Mach uns bereit, dich aufzunehmen, damit wir alles Finstere in uns überwinden, daß Licht und Liebe von uns ausgehen.

**zur Reihe III:** Der Herr ist unser Heil (Jer 23,58)
Gott, gütiger Vater, du hattest deinem Volk den Heiland versprochen und hast Jesus eingesetzt als einen besonderen König. Nicht mit Macht und Gewalt, sondern mit Barmherzigkeit und Liebe will er regieren. Hilf uns, daß wir uns ihm öffnen, daß er uns mit seinem Geist erfülle.

# ERSTER ADVENT

**zur Reihe IV:** Der Löwe aus Juda (Offb 5,1-14)
Gott, gütiger Vater, die Welt und wir selbst sind uns oft ein Buch mit sieben Siegeln. Wir begreifen so vieles nicht und leiden unter den Rätseln dieser Welt. Doch du läßt uns zurufen: "Weine nicht!" So bitten wir dich: Trockne du selbst die Tränen und mach uns gewiß, daß du alles zu einem guten Ende führen wirst.

**zur Reihe V:** Der Lobgesang des Zacharias (Lk 1,67-79)
Gott, gütiger Vater, mit Zacharias möchten wir einstimmen in den Lobgesang deiner Barmherzigkeit. Immer wieder greift die Resignation nach uns. Sie trübt uns den Blick und schließt uns ein in unseren engen Herzen. Wir bitten dich: Führe uns hinaus ins Weite, stell unsere Füße auf weiten Raum. Mach uns gewiß, daß du die Welt in Händen hast und alles zu einem guten Ende führen wirst.

**zur Reihe VI:** Bekenntnis zur Hoffnung (Hebr 1o,19-25)
Gott, gütiger Vater, du kennst unser verzagtes Herz. Die Hoffnung droht in uns zu verlöschen, wenn du uns nicht immer wieder Mut machst, alles von dir zu erwarten. Hilf uns festhalten an dem Bekenntnis der Hoffnung und laß uns nicht wanken. Gib, daß wir uns gegenseitig ermutigen, daß die Liebe unter uns nicht erlahmt.

## FÜRBITTENGEBET

Himmlischer Vater, gütiger Gott, wir danken dir für alle Liebe und Freude, die wir erfahren. Wir bitten dich, laß deine Menschenfreundlichkeit uns prägen. Hilf uns, daß wir Raum geben der Liebe und der Geduld, dem Verstehen und dem Lächeln, dem Nachgeben und dem Verzeihen. Wir bitten dich für die Menschen, die unter der Härte des Lebens zerbrechen und dich aus den Augen verloren haben. Laß sie nicht in ihrer Verzweiflung versinken, sondern sei du ihnen das Licht in der Nacht. Amen.

# ZWEITER ADVENT

**Wochenspruch:** Seht auf und erhebt eure Häupter, weil sich eure Erlösung naht.
                Lk 21,28

## PSALM

Gott, tröste uns wieder und laß leuchten dein Antlitz,
so genesen wir.

Du Hirte Israels, höre, der du Josef hütest wie Schafe!
  Erscheine, der du thronst über den Cherubim.
Erwecke deine Kraft
  und komm uns zu Hilfe!
(Der du ein Auge auf uns hast
  und unser guter Hirte bist,
mache uns deiner Gegenwart gewiß,
  damit wir Zuversicht gewinnen.)
Herr, Gott Zebaoth, wie lange willst du zürnen,
  während dein Volk zu dir betet?
Du speisest sie mit Tränenbrot
  und tränkest sie mit einem großen Krug voll Tränen.
(Tränen sind unser tägliches Brot,
  nach Trost verlangt unser verletztes Herz.)

Gott, tröste uns wieder und laß leuchten dein Antlitz,
so genesen wir.

                nach Ps 80

## ZWEITER ADVENT
## KOLLEKTENGEBET

Jesus Christus, Herr und Bruder, du willst zu uns kommen und unsere gesenkten Köpfe erheben, damit wir aufschauen zu dir, unserem Erlöser. Wir bitten dich: Überwinde du die Widerstände in uns, damit wir uns deinem guten Geist öffnen, der du mit dem Vater in der Einheit des Heiligen Geistes lebst und regierst von Ewigkeit zu Ewigkeit. Amen.

## GEBET

**zur Reihe I:** Erhebt eure Häupter! (Lk 21,25-33)
Himmlischer Vater, vieles in der Welt erschrickt uns und erfüllt uns mit Ängsten. Wir sehen die Wunden dieser Welt, die Irrungen in unserem Leben. Wir erleiden schmerzhaft unsere Ohnmacht. Du hast uns versprochen, daß einmal alle Fragen beantwortet sein werden, daß auch das Leidvolle zu unserem Besten dienen muß. Gib uns diese Gewißheit, daß du selbst unsere Zukunft sein wirst.

**zur Reihe II:** Stärkt eure Herzen! (Jak 5,7+8)
Himmlischer Vater, oft scheint es uns, als habest du dich aus unserer Welt zurückgezogen und uns unserer eigenen Bosheit ausgeliefert. Der Teufel macht Lärm, doch du liebst das Wirken in der Stille, so wie es der Liebe entspricht. Wir bitten dich: Hilf uns, daß wir nicht irre werden an deinem Wirken, sondern unbeirrt an dir festhalten.

**zur Reihe III:** Beharret bis ans Ende! (Mt 24,1-14)
Himmlischer Vater, wir wollen bei dir bleiben in guten wie in bösen Tagen. Doch du weißt, wie schnell wir verzweifeln, wenn wir leiden müssen, wie mutlos wir werden, wenn wir die Schreckensnachrichten aus aller Welt hören. Wir bitten dich: Halte uns fest an deiner Hand, damit wir bei allem Leidvollen dennoch geborgen sind in dir.

## ZWEITER ADVENT

**zur Reihe IV:** Daß der Himmel zerrisse! (Jes 63,15ff)
Himmlischer Vater, das ist uns aus dem Herzen gesprochen: "Ach, daß du den Himmel zerrissest und führest herab...!" Wir hätten es gerne, daß du dreinschlagen würdest, um alles in Ordnung zu bringen, was wir verdorben haben. Doch du entläßt uns nicht aus unserer Verantwortung.

**zur Reihe V:** Ewige Freude! (Jes 35,3-1o)
Himmlischer Vater, wir sehnen uns danach, daß der Sieg des Lichtes offenbar wird, daß die Liebe unter den Menschen sich durchsetzt, daß Krieg und Elend ein Ende nehmen. Doch wir können dies alles nicht auf dich abschieben. Du willst uns als Mitarbeiter. So bitten wir dich: Mache unsere Herzen weit, unsere Ausdauer stark, unseren Atem lang. Laß Zuversicht von uns ausgehen, damit auch andere davon erfaßt werden.

**zur Reihe VI:** Halte, was du hast! (Offb 3,7-13)
Himmlischer Vater, du willst, daß wir ausharren bis ans Ende, daß wir unser Vertrauen zu dir nicht wegwerfen. Aber du kennst unseren Kleinglauben, unsere Angst um die Zukunft. Unsere Halbherzigkeiten sind dir bekannt. Deshalb bekennen und bitten wir: "Herr, wir glauben, hilf unserem Unglauben!" Mach du uns stark in der Liebe und in der Hoffnung, daß wir stets auf das Ziel schauen: die Vollendung bei dir.

## FÜRBITTENGEBET

Herr, gütiger Gott, viele Menschen seufzen am frühen Morgen und wissen nicht, wie sie den vor ihnen liegenden Tag bewältigen sollen. Wir bitten dich für die Menschen, die unter Schmerzen leiden und um ihre Gesundheit bangen. Wir bitten dich für die Depressiven und Verzweifelten; für alle, die ihr Leben wegwerfen möchten; für alle, die keinen Ausweg aus ihrer Schuld sehen; für alle, die gedemütigt wurden: Sei du ihnen der rettende Fels, die feste Burg, die Quelle des Lebens. Amen.

## DRITTER ADVENT

**Wochenspruch:** Bereitet dem Herrn den Weg; denn siehe, der Herr kommt gewaltig.     Jes 4o,3.1o

### PSALM

Hilf uns, Gott, unser Heiland,
und laß ab von deiner Ungnade über uns!

Könnte ich doch hören,
    was Gott der Herr redet,
daß er Frieden zusagte seinem Volk und seinen Heiligen,
    damit sie nicht in Torheit geraten.
(Wüßte ich doch Gottes Stimme herauszuhören aus den vielen Stimmen!
    Ach, ließe er mich sein klares Wort vernehmen!
Die Angst vor der Zukunft würde weichen,
    gelassen ging ich in den neuen Tag.)
Doch ist ja seine Hilfe nahe denen, die ihn fürchten,
    daß in unserem Lande Ehre wohne;
daß Güte und Treue einander begegnen,
    Gerechtigkeit und Friede sich küssen;
daß Treue auf der Erde wachse
    und Gerechtigkeit vom Himmel schaue.

Hilf uns, Gott, unser Heiland,
und laß ab von deiner Ungnade über uns!

                                      nach Ps 85

# DRITTER ADVENT

## KOLLEKTENGEBET

Jesus Christus, Herr und Bruder, Johannes der Täufer ruft auch uns zur Umkehr. Er fordert uns auf, dir den Weg zu bereiten. Doch du weißt, wie viele Hindernisse wir dir immer wieder in den Weg legen. Wir bitten dich, komm zu uns und überwinde in uns, was sich gegen dich sperrt, der du mit dem Vater in der Einheit des Heiligen Geistes lebst und regierst von Ewigkeit zu Ewigkeit. Amen.

## GEBET

**zur Reihe I:** Jesus an Johannes ( Mt 11,2-1o)
Vater Jesu Christi, du bist uns Menschen nahe gekommen, du hast uns deine Menschenfreundlichkeit bewiesen, und dennoch tun wir uns schwer, dir ganz und gar zu vertrauen. Immer wieder fordern wir untrügliche Zeichen, weil uns Vertrauen schwer fällt. Wir bitten dich: Öffne unsere Augen, daß wir sehen, wo du in unserem Leben Spuren hinterläßt. Öffne unsere Ohren, daß wir deine Stimme aus den vielen Stimmen heraushören. Wecke uns auf aus dem Grab unserer Selbstsicherheit und Selbstherrlichkeit.

**zur Reihe II:** Haushalter sein! ( 1 Kor 4,1-5)
Vater Jesu Christi, du bietest uns deine Liebe und Langmut, deine Barmherzigkeit und Vergebung in Jesus an. Wir wären töricht, wollten wir deine liebende Hand nicht ergreifen. Wer außer dir kann uns denn Halt bieten im Leben - und gar im Sterben? Wir bitten dich, schau nicht auf unsere Unwürdigkeit, sondern schau auf unsere Bedürftigkeit; blicke nicht auf das böse Trachten unserer Herzen, sondern sieh an, was dein Sohn für uns getan hat.

**zur Reihe III:** Johannes predigt die Buße (Lk 3,1-14)
Vater Jesu Christi, in dieser Adventszeit warten viele Menschen auf ein Zeichen der Zuneigung, auf ein gutes Wort, auf einen freundlichen Blick. Gib uns das rechte Fingerspitzengefühl im Umgang mit anderen, Feinfühligkeit und ein Gespür für die oft stummen Hilferufe unserer Mitmenschen. Laß durch uns Liebe wachsen in der Welt.

## DRITTER ADVENT

**zur Reihe IV:** Freude und Friede! (Rö 15,4-13)
Vater Jesu Christi, du bist ein Gott der Geduld und des Trostes, du hast Langmut mit deinen Geschöpfen. Wir loben und preisen dich für deine Güte. Wir sagen dir Dank, daß du uns nicht aufgibst, sondern immer wieder neu mit deiner Liebe suchst. In Jesus hast du uns gezeigt, wie weit deine Liebe geht, daß du deine Arme weit ausbreitest. Du willst nicht, daß einer verloren gehe. Wir bitten dich: Hilf, daß wir deinem Ruf die Antwort nicht schuldig bleiben, daß wir dich lieben wie du uns geliebt hast.

**zur Reihe V:** Der Herr kommt gewaltig (Jes 40,1-11)
Vater Jesu Christi, dir verdanken wir, daß wir sind. Wir loben dich und beten dich an. Dir danken wir, daß wir uns deine Kinder nennen dürfen. Wir loben dich und beten dich an. Dir danken wir, daß wir eine Zukunft bei dir haben. Wir loben dich und beten dich an. Du tröstest uns mit deinem Wort. Dein Sohn Jesus Christus ist dein Wort, die Zusage deiner Liebe. Wir loben dich und beten dich an.

**zur Reihe VI:** Werde wach! (Offb 3,1-6)
Vater Jesu Christi, vor dir können wir nicht bestehen, wenn wir auf das schauen, was wir getan und was wir unterlassen haben. Unsere Taten und Untaten klagen uns an. Du aber hast uns angenommen in der Taufe. Du hast uns mit weißen Kleidern der Freude angetan, unseren Namen in das Buch des Lebens eingeschrieben. Hilf uns, daß wir dies nicht vergessen, daß unser Leben eine Antwort werde auf deine Liebe.

## FÜRBITTENGEBET

Herr, wir bitten dich: Laß unseren Glauben nicht müde werden. Gib unserer Liebe neuen Antrieb und laß unsere Hoffnung nicht erlahmen. Dir befehlen wir die Menschen an, die du uns besonders anvertraut hast. Erhalte und stärke unser Vertrauen zueinander und hilf uns, daß wir uns immer wieder unsere Zuneigung zum Ausdruck bringen. Amen.

# VIERTER ADVENT

**Wochenspruch:** Freuet euch in dem Herrn allewege, und abermals sage ich: Freuet euch! Der Herr ist nahe!

Phil 4,4.5b

## PSALM

Der Herr schaut von seiner heiligen Höhe,
der Herr sieht vom Himmel auf die Erde.

Ja, der Herr baut Zion wieder
    und erscheint in seiner Herrlichkeit.
Er wendet sich zum Gebet der Verlassenen
    und verschmäht ihr Gebet nicht.
(Wer am Boden liegt, den richtet der Herr wieder auf,
    Generationen haben dies erfahren und bezeugt.)
Das werde geschrieben für die Nachkommen,
    und das Volk, das er schafft, wird den Herrn loben,
daß er das Seufzen der Gefangenen höre
    und losmache die Kinder des Todes,
(Gott hört das Rufen der Unfreien,
    läßt keinen sinken ins Nichts,
damit sie verkünden den Namen des Herrn
    und sein Lob vor aller Welt.
Alle Welt soll erkennen,
    daß Gott der Herr ist!)

Der Herr schaut von seiner heiligen Höhe,
der Herr sieht vom Himmel auf die Erde.

nach Ps 1o2

# VIERTER ADVENT

## KOLLEKTENGEBET

Jesus Christus, Herr und Bruder, du willst zu uns kommen, damit unsere Schuld der Vergangenheit angehört, damit Freude unsere Herzen in der Gegenwart erfüllt, damit die Zukunft ihre Schrecken verliert. Wir bitten dich: Komm zu uns mit deinem Geist, dem Geist des Lebens, der du mit dem Vater in der Einheit des Heiligen Geistes lebst und regierst von Ewigkeit zu Ewigkeit. Amen.

## GEBET

**zur Reihe I:** Marias Lobgesang (Lk 1,39-56)
Allmächtiger Gott, aus Totem kannst du dir Leben erwecken. Dafür stehen Elisabeth, die Unfruchtbare, und Maria, die Jungfräuliche, ein. Wo wir mit unserer Weisheit am Ende sind, wo wir keine Möglichkeiten mehr sehen, da bist du noch nicht am Ende. Wir bitten dich in dieser adventlichen Zeit: Wecke in uns auf, was tot ist; belebe, was krank erscheint; laß Glaube, Liebe und Hoffnung neu erblühen.

**zur Reihe II:** Freut euch in dem Herrn! (Phil 4,4-7)
Allmächtiger Gott, an Freude ist dir gelegen; Liebe liegt dir am Herzen; Frieden willst du stiften. Wir bitten dich um die kleinen Freuden des Alltags; um die Liebe, ohne die das Leben seinen Glanz verliert; um Frieden, der uns frei atmen läßt. Laß deine Menschenfreundlichkeit durch uns ausstrahlen in unsere Gemeinde, in unsere Familien und in unsere Häuser. Laß deine Liebe in uns und durch uns wirksam sein.

**zur Reihe III:** Er wird König sein (Lk 1,26-38)
Allmächtiger Gott, das große Fest steht bevor. Wir gedenken deiner Menschwerdung. Wir können sie nicht begreifen. Aber ergreifen soll es uns, daß du dich so weit zu uns herabbeugst. Auch in uns willst du wohnen, uns erfüllen mit deiner Liebe. Hilf, daß wir es Maria nachsprechen können: "Mir geschehe, wie du gesagt hast". Wir möchten Gefäße deiner Liebe werden.

# VIERTER ADVENT

**zur Reihe IV:** Christus - das Ja Gottes ( 2 Kor 1,18-22)
Allmächtiger Gott, ehe wir nach dir fragen konnten, hast du nach uns gefragt; ehe wir dich suchen konnten, hast du uns bereits gefunden. Unser Wort kann nur Antwort sein auf deinen Ruf. Unser "Ja und Amen" ist wie eine ausgestreckte Hand. Wir empfangen, was du uns anbietest: deine Liebe in deinem Sohn. Wir beten dich an und sagen dir Dank für deine unaussprechliche Liebe.

**zur Reihe V:** Das Zeugnis des Johannes (Jo 1,19-28)
Allmächtiger Gott, deine Gaben enthalten Aufgaben. Du schenkst uns deine Liebe und stellst uns zugleich in den Dienst deiner Liebe. Du würdigst uns, deine Mitarbeiter zu sein. Wir bitten dich: Laß uns deine Zeugen sein, wie es Johannes der Täufer war, daß wir deinem Kommen den Weg bereiten, daß wir andere Menschen zu dir hinführen.

**zur Reihe VI:** Das weltweite Heil (Jes 52,7-1o)
Allmächtiger Vater, Boten der Freude und Friedenstifter sollen wir sein. Doch du weißt, wie wenig uns dieses große Werk gelingt, wie verzagt und kleinmütig wir werden angesichts der großen Nöte in der Welt. Wir bitten dich: Bewahre uns vor Resignation. Beflügele unsere Phantasie, wenn es gilt, Wege aus den Sackgassen zu finden. Gib uns langen Atem und die Kraft, Rückschläge wegzustecken. Mach uns zu Boten der Freude und des Friedens - im kleinen Bereich daheim, aber auch in unserer weiteren Umgebung.

## FÜRBITTENGEBET

Herr, du willst bei uns einkehren mit dem Geist des Friedens und der Barmherzigkeit. Auch wir sehnen uns nach Frieden mit jedermann, doch oft fällt es uns schwer, den ersten Schritt zu tun. Wir bitten dich: Stecke uns an mit deinem Geist der Versöhnung. Hilf uns, daß wir dich in dem Gesicht unseres Nächsten erkennen und dich lieben. Mache uns bereit, dich zu empfangen, wo immer du uns begegnest, auch in jenen, mit denen wir uns schwer tun. Herr, geleite uns in diese neue Woche und laß sie gesegnet sein. Amen.

## HEILIGER ABEND

**Spruch des Tages:** Das Wort ward Fleisch und wohnte unter uns, und wir sahen seine Herrlichkeit.     Joh 1,14

### PSALM

Das Volk, das im Finstern wandelt, sieht ein großes Licht, und über denen, die da wohnen im finstern Lande, scheint es hell.

"Ich aber habe meinen König eingesetzt
    auf meinem heiligen Berg Zion."
(So verkündigt diese heilige Nacht Gottes Willen:
    Sein Sohn soll in den Herzen der Gläubigen wohnen.
Herzenskönig will er sein,
    mit Liebe die Welt verwandeln.)
Kundtun will ich den Ratschluß des Herrn:
    "Du bist mein Sohn, heute habe ich dich gezeugt."
(Wie Vater und Sohn verbunden sind in Liebe und Vertrauen,
    so ist Christus mit dem himmlischen Vater eins.)

Das Volk, das im Finstern wandelt, sieht ein großes Licht, und über denen, die da wohnen im finstern Lande, scheint es hell.

nach Ps 2

# HEILGER ABEND

## KOLLEKTENGEBET

Jesus Christus, Herr und Bruder, du bist in die Welt gekommen, um uns Gott nahezubringen und die Sünde wegzunehmen, die uns vom Vater trennt. Wir danken dir, daß du die Brücke und der Weg bist, daß uns die ewige Heimat nicht verschlossen bleibt. Wir bitten dich: Hilf uns, daß wir dir allezeit vertrauen und dadurch gerettet werden, der du mit dem Vater in der Einheit des Heiligen Geistes lebst und regierst von Ewigkeit zu Ewigkeit. Amen.

## GEBET

**zur Reihe I:** Die Geburt Jesu (Lk 2,1-2o)
Vater Jesu Christi, jeder von uns will nach oben, doch du kamst nach unten, wo es Not und Elend, Schmerzen und Tränen gibt. Du wurdest einer von uns. Und doch bist du so anders. Denn wie du mit dem Vater verbunden bist, so sind wir es nie. Du hast uns gezeigt, was es heißt, wahrer Mensch zu sein. Wir bitten dich: Hilf uns, dir nachzufolgen und Anteil zu bekommen an deiner Menschlichkeit.

**zur Reihe II:** Heilsame Gnade erschien (Tit 2,11-14)
Vater Jesu Christi, du gehst uns nach. Du suchst unser Herz, das Zentrum unseres Lebens. In uns willst du Wohnung nehmen, auch wenn unser Leben eher einer Hütte als einem Palast ähnelt. Du kommst dahin, wo man dich einläßt. Hilf uns, daß wir dich nicht abweisen wie jene in Bethlehem, daß wir vielmehr unsere Türen öffnen, uns von dem Geist deiner Liebe erfüllen lassen.

**zur Reihe III:** So hat Gott die Welt geliebt (Jo 3,16-21)
Vater Jesu Christi, du hast deinen Sohn nicht verschont. Er kam herab, damit wir dereinst hinauf zu dir gelangen. Er ging in den Tod, damit wir das ewige Leben ererben. Er, der ewiges Leben hatte, nahm dieses Leben und Sterben auf sich, damit wir Sterblichen nicht ewig im Tod bleiben. Wir loben und preisen dich für diesen seltsamen Wechsel, für das Heil, das du uns zugedacht hast.

# HEILGER ABEND

**zur Reihe IV:** Das große Licht (Jes 9,1-6)
Vater Jesu Christi, durch die Propheten hast du deinen heilsamen Willen bekannt gemacht. Uns, die wir immer wieder im Finsteren tappen und selbst Finsternis verbreiten, sagst du an, daß uns ein großes Licht aufgehen wird. In Jesus, deinem Sohn, sehen wir das Licht. Er weist den Weg. Er ist die Orientierung. Er ist die Hoffnung, das Licht am Ende des Tunnels. Wir bitten dich: Laß dieses Licht so auf uns scheinen, daß wir es zurückspiegeln, daß wir zu Lichtträgern, zu wahren Nachfolgern deines Sohnes werden.

**zur Reihe V:** Im Glauben ewiges Leben! (Jo 3,31-36)
Vater Jesu Christi, dein Sohn war sich nicht zu gut, um in diese Welt zu kommen, die dem Stall zu Bethlehem nicht unähnlich ist. Er war sich nicht zu schade, sich in eine Krippe zu legen. Er wollte signalisieren, daß er das Brot des Lebens ist, das wahre Mittel zum Leben. Wir bitten deinen Sohn: Zieh auch in unser Leben ein und laß uns deine Krippe sein.

**zur Reihe VI:** Die Fülle der Zeiten (Gal 4,4-7)
Vater Jesu Christi, wir werden das Geheimnis deiner Menschwerdung nie begreifen. Wahre Liebe ist und bleibt unbegreiflich. Wir wollen uns aber von deiner Liebe ergreifen lassen. Herr, laß dieses Fest der Liebe alles kalte Rechnen, wie wir es täglich üben, überstrahlen. Mach uns gewiß, daß erst in der Liebe unser Leben seinen Sinn findet. Erfülle uns mit dem Feuer deiner Liebe.

## FÜRBITTENGEBET

Herr, wir denken an die Menschen, die an diesen Festtagen leiden. Wir denken an die Menschen, die unter Schmerzen und Depressionen stöhnen, die von Enttäuschungen oder Ängsten gequält werden, die ihr Leben wegwerfen möchten. Herr, vergiß du die nicht, die wir vergessen. Übersieh du die nicht, die wir übersehen. Höre das Schreien derer, die wir überhören. Herr laß deine Liebe spürbar werden. Amen.

## CHRISTFEST 1. FEIERTAG

**Spruch des Tages:** Das Wort ward Fleisch und wohnte unter uns, und wir sahen seine Herrlichkeit.   Joh 1,14

### PSALM

Das Volk, das im Finstern wandelt, sieht ein großes Licht, und über denen, die da wohnen im finstern Lande, scheint es hell.

Singet dem Herrn ein neues Lied;
    singet dem Herrn, alle Welt!
Erzählet unter den Heiden von seiner Herrlichkeit,
    und unter allen Völkern von seinen Wundern!
(Dieser Tag ruft es uns zu:
    Gott hat sich mit Jesus verbunden;
wer ihn hört, der hört Gott,
    und in ihm kann er Gott erkennen.)
Der Himmel freue sich, und die Erde sei fröhlich,
    das Meer brause und was darinnen ist;
das Feld sei fröhlich und alles, was darauf ist;
    es sollen jauchzen alle Bäume im Walde
vor dem Herrn; denn er kommt,
    denn er kommt, zu richten das Erdreich.
Er wird den Erdkreis richten mit Gerechtigkeit
    und die Völker mit seiner Wahrheit.
(Glücklich darf sich preisen,
    wer ihm vertraut.)

Das Volk, das im Finstern wandelt, sieht ein großes Licht, und über denen, die da wohnen im finstern Lande, scheint es hell.

nach Jes 9,1/Ps 96

## CHRISTFEST 1. FEIERTAG

### KOLLEKTENGEBET

Jesus Christus, Herr und Bruder, du bist Mensch geworden und hast uns Gott nahe gebracht. Du hast weggenommen, was Schöpfer und Geschöpf trennte - unsere Sünde. In dir sehen wir die Liebe Gottes. Und du rufst uns, deine Liebe zu erwidern. Wir bitten dich: Hilf uns dazu, der du mit dem Vater in der Einheit des Heiligen Geistes lebst und regierst von Ewigkeit zu Ewigkeit. Amen.

### GEBET

**zur Reihe I:** Jesu Geburt (Lk 2,1-2o)
Vater Jesu Christi, die Leute in Bethlehem nahmen Jesus nicht auf. Sie wußten nicht, wer da zu ihnen kam. Wir aber wissen es. Wir könnten es also besser machen als sie damals. Wir bitten dich: Komm in unser Leben und nimm nicht Anstoß, daß wir eher einem Stall als einem Palast gleichen. Vieles an uns ist nicht in Ordnung. Komm dennoch zu uns und erfülle uns mit deiner Liebe.

**zur Reihe II:** Gottes Barmherzigkeit (Tit 3,4-7)
Vater Jesu Christi, in Christus ist uns deine Freundlichkeit und Menschenliebe offenbar geworden. Du willst uns erneuern. Mit dem Geist deiner Liebe und Barmherzigkeit willst du uns erfüllen. Wir bitten dich: Überwinde in uns alles, was gegen dich streitet in unseren Herzen. Laß uns in die Nachfolge deines Sohnes eintreten und ihm folgen bis in deine Gegenwart.

**zur Reihe III:** Bethlehem, du Kleinste! (Mich 5,1-4)
Vater Jesu Christi, das kleine Städtchen Bethlehem hattest du auserwählt als Ort, in dem deine Liebe Fleisch und Blut annehmen, zur Welt kommen sollte. Wir bitten dich: Geh nicht an uns vorüber, sondern laß auch uns ein Ort sein, an dem deine Menschenfreundlichkeit sichtbar wird. Dein Sohn Jesus Christus regiere in unseren Herzen und mache uns deiner Barmherzigkeit gewiß.

# CHRISTFEST 1. FEIERTAG

**zur Reihe IV:** Wir sind Gotteskinder (1 Jo 3,1-6)
Vater Jesu Christi, du hast uns zu deinen Kindern erklärt. Nicht unsere Frömmigkeit macht uns dazu, sondern du sprichst uns die Kindschaft zu wie bei einer Adoption - allein aus Gnade und Barmherzigkeit. Wir bitten dich: Hilf uns, daß wir dich als unseren himmlischen Vater nicht verleugnen, sondern uns zu dir bekennen durch unser Reden und Tun.

**zur Reihe V:** Der hat das ewige Leben (Jo 3,31-36)
Vater Jesu Christi, in deinem Sohn bist du herabgekommen in unser menschliches Sein. In unsere Haut bist du geschlüpft und hast alles auf dich genommen, was Menschen leiden können: Verrat, Einsamkeit, Hohn und Spott, Verzweiflung, Schmerzen und Tod. So nahe bist du uns gekommen, daß keiner mehr sagen kann, du seist fernab in irgend einem Himmel. Ganz nahe bist du bei uns. Laß es uns spüren.

**zur Reihe VI:** Die Fülle der Zeiten (Gal 4,4-7)
Vater im Himmel, Paulus betont, wie sehr dein Sohn Jesus Christus von Anfang an Mensch war. So wie er dir vertraute, wie er an dir festhielt bis ins bittere Leiden hinein, das schaffen wir wohl kaum. Wir bitten dich: Mach uns stark im Glauben, brennend in der Liebe, unerschütterlich in der Hoffnung, damit wir dereinst erben, was dein Sohn uns versprochen hat: ein Dasein in deiner Gegenwart.

## FÜRBITTENGEBET

Herr, wir bitten dich für die vielen Menschen, die an den Feiertagen leiden, weil sie einsam sind. Für alle, die an ihrem Leben verzweifeln und es wegwerfen wollen, bitten wir: Herr, sei ihnen nahe und laß sie nicht in ihrer Not versinken. Wir bitten dich für die Menschen in den Krankenhäusern, für alle, die dem Tod entgegenwarten, für die vielen in den Krisenregionen dieser Welt: Laß sie getröstet werden. Und wo du uns brauchst als Boten deiner Liebe, da hilf uns, daß wir uns nicht verweigern. Wir sollen deine Hände und Füße, deine Lippen und Augen in der Welt sein. Mach uns tüchtig dazu. Amen.

## CHRISTFEST 2. FEIERTAG

**Spruch des Tages:** Das Wort ward Fleisch und wohnte unter uns, und wir sahen seine Herrlichkeit.     Joh 1,14

### PSALM

Das Volk, das im Finstern wandelt, sieht ein großes Licht,
und über denen, die da wohnen im finstern Lande,
scheint es hell.

Singet dem Herrn ein neues Lied;
    singet dem Herrn, alle Welt!
Erzählet unter den Heiden von seiner Herrlichkeit,
    und unter allen Völkern von seinen Wundern!
(Dieser Tag ruft es uns zu:
    Gott hat sich mit Jesus verbunden;
wer ihn hört, der hört Gott,
    und in ihm kann er Gott erkennen.)
Der Himmel freue sich, und die Erde sei fröhlich,
    das Meer brause und was darinnen ist;
das Feld sei fröhlich und alles, was darauf ist;
    es sollen jauchzen alle Bäume im Walde
vor dem Herrn; denn er kommt,
    denn er kommt, zu richten das Erdreich.
Er wird den Erdkreis richten mit Gerechtigkeit
    und die Völker mit seiner Wahrheit.
(Glücklich darf sich preisen,
    wer ihm vertraut.)

Das Volk, das im Finstern wandelt, sieht ein großes Licht,
und über denen, die da wohnen im finstern Lande,
scheint es hell.

                                      nach Jes 9,1/Ps 96

# CHRISTFEST 2. FEIERTAG

## KOLLEKTENGEBET

Jesus Christus, Herr und Bruder, du bist Mensch geworden und hast uns Gott nahe gebracht. Du hast weggenommen, was Schöpfer und Geschöpf trennte: unsere Sünde. In dir sehen wir die Liebe Gottes. Und du rufst uns, deine Liebe zu erwidern. Wir bitten dich: Hilf uns dazu, der du mit dem Vater in der Einheit des Heiligen Geistes lebst und regierst von Ewigkeit zu Ewigkeit. Amen.

## GEBET

**zur Reihe I:** Das Wort ward Fleisch (Jo 1,1-14)
Herr, unser Gott, in die Dunkelheiten dieser Welt hast du ein Licht gesandt: Jesus Christus. Mit den vielen Kerzen dieses Festes demonstrieren wir gegen die Finsternis und bekennen uns zu Christus, dem Licht der Welt. Wir bitten dich: Hilf uns, daß es nicht bei guten Vorsätzen bleibt, sondern daß wir mithelfen, Licht und Liebe zu verbreiten.

**zur Reihe II:** Der Abglanz Gottes (Hebr 1,1-6)
Herr, unser Gott, in Jesus erkennen wir, wie du zu uns stehst. Er ist dein Ebenbild, der Abglanz deiner Herrlichkeit. Wir danken dir, daß wir an Jesus deine Barmherzigkeit erkennen, daß dein Richten im Aufrichten und nicht im Abrichten besteht. Herr, hab Dank für deine große Güte.

**zur Reihe III:** Das Licht der Welt (Jo 8,12-16)
Herr, unser Gott, wenn die Nächte kürzer und die Tage länger werden, dann feiern wir die Geburt deines Sohnes. Mit seinem Kommen wird es heller in der Welt. Er hat uns gezeigt wie menschliches Leben aussehen könnte, was es heißt, mit dir, Gott, eins zu sein. Wir bitten dich: Hilf uns, deinem Sohne nachzufolgen, damit wir an unserem Platz mithelfen, Dunkelheiten zu vertreiben.

## CHRISTFEST 2. FEIERTAG

**zur Reihe IV:** Schar der Erlösten (Offb 7,9-17)
Herr, unser Gott, laß dieses Fest nicht an uns vorübergehen als ginge es nur um Geschenke und gutes Essen. Hilf uns, daß es uns verändert, daß es neue Kräfte der Liebe in uns freisetzt. Laß uns erkennen, worauf es ankommt: Daß wir mit dir und untereinander verbunden sind in Liebe, daß wir dein Menschenvolk auf Erden sind.

**zur Reihe V:** Der Friedenskönig (Jes 11,1-9)
Herr, unser Gott, die Propheten hatten große Visionen von einem allumfassenden Friedensreich. Wie weit sind wir davon entfernt! Wieviel Not und Elend, Ungerechtigkeit und Haß beherrschen unseren Alltag! Wir bitten dich: Halte in uns den Traum wach, daß es anders sein könnte. Gib uns Liebe und Phantasie. Hilf uns, deinen Willen besser zu achten.

**zur Reihe VI:** Seine Armut macht uns reich (2 Kor 8,9)
Herr, unser Gott, laß den Frieden dieses Festes ausstrahlen auf unseren Werktag. Mach unsere Herzen weit, daß alle Kleinlichkeit von uns weicht, daß Überheblichkeit und Rechthaberei nicht länger das Feld behalten, daß wir Wege zueinander finden und Schuld vergeben. Laß Friede werden in unseren Herzen und in der Welt!

## FÜRBITTENGEBET

Wir haben, Herr, deine Barmherzigkeit erfahren, laß uns barmherzig sein. Du hast uns begnadigt und deinen Zorn durch Liebe überwunden, laß auch uns gnädig miteinander umgehen. Laß die Freude, zu der du uns einlädst, ansteckend wirken, daß wir Freude bringen, wo Kummer wohnt; daß wir ermutigen, wo Verzagtheit regiert; daß wir ein Lächeln hervorlocken, wo Bitterkeit sich breit macht. Herr, laß dieses Weihnachtsfest zur Quelle neuen Mutes werden, zum Anstoß, es neu miteinander zu wagen - in der Ehe, in der Familie, in der Nachbarschaft und im Beruf. Laß das Licht dieses Festes nicht verlöschen. Amen.

# 1. SONNTAG NACH WEIHNACHTEN

**Wochenspruch:** Und das Wort ward Fleisch und wohnte unter uns, und wir sahen seine Herrlichkeit.     Joh 1,14a

## PSALM

Ich aber will immer harren und mehren all deinen Ruhm.

Mein Mund soll verkündigen deine Gerechtigkeit,
    täglich deine Wohltaten, die ich nicht zählen kann.
(Ich will nicht müde werden, Gott zu preisen;
    alle sollen es hören: Gott verwirft uns nicht.
Barmherzigkeit triumphiert über Gerechtigkeit,
    Gott gibt die Verlorenen nicht verloren.)
Auch im Alter, Gott, verlaß mich nicht,
    und wenn ich grau werde.
(Darauf will ich mich verlassen
    und zu solchem Vertrauen alle einladen,
    die nach mir kommen.)
Gott, deine Gerechtigkeit reicht bis zum Himmel;
    der du große Dinge tust, Gott, wer ist die gleich?

Ich aber will immer harren und mehren all deinen Ruhm.

                              nach Ps 71

# 1. SONNTAG NACH WEIHNACHTEN

## KOLLEKTENGEBET

Jesus Christus, Herr und Bruder, laß uns wie Simeon erkennen, daß du unser Erlöser bist, damit wir dich preisen und in dir Frieden finden, der du mit dem Vater in der Einheit des Heiligen Geistes lebst und regierst von Ewigkeit zu Ewigkeit. Amen.

## GEBET

**zur Reihe I:** Simeons Lobgesang (Lk 2,22-4o)
Vater Jesu Christi, mancher wird alt und grau bis er deinen Sohn erkennt und als seinen Heiland anruft. Wenn er aber in Jesus deine Liebe aufleuchten sieht, kann er der Zukunft getrost entgegengehen. Jesus steht dafür ein, daß wir bei dir nicht verlorengehen, daß uns nichts aus deiner Hand reißen wird.

**zur Reihe II:** Ewiges Leben ist erschienen (1 Jo 1,1-4)
Vater Jesu Christi, du hast uns deinen Sohn gesandt, damit er den Graben zuschütte, der uns von dir trennt. Seine Liebe bringt uns dir nahe. Dein Gericht müssen wir nicht länger fürchten, weil wir Jesus zum Fürsprecher haben. Hab Dank für deine Güte, Herr.

**zur Reihe III:** Flucht nach Ägypten (Mt 2,13-23)
Vater Jesu Christi, kaum hatte dein Sohn das Licht der Welt erblickt, lernte er die Dunkelheiten der Welt kennen. Er mußte vor denen flüchten, die um ihre Macht bangten. Von Bethlehem bis Golgatha führte sein Weg durch viele Tiefen. So radikal bist du Mensch geworden, damit jeder Leidende wissen soll: Er ist nicht allein, die irdischen Nöte sind dir nicht fremd. Du bist zwar nicht für das Leid, aber du bist dabei und stehst den Leidenden zur Seite.

# 1. SONNTAG NACH WEIHNACHTEN

**zur Reihe IV:** Bekenntnis (1 Jo 2,21-25)
Vater Jesu Christi, wer deinen Sohn hört, der hört dich; wer seine Liebe sieht, der erkennt dein göttliches Wesen; wer ihm nachfolgt, der wird deine Nähe spüren. Diese Einheit ist so schwer zu fassen, weil wir uns immer wieder von dir lösen und unsere eigenen Wege gehen. Wir bitten dich: Halte uns fest mit dir verbunden, damit wir dereinst dein Angesicht schauen.

**zur Reihe V:** Sohn und Vater bekennen! (Jo 12,44-5o)
Vater Jesu Christi, du bist mit deinem Sohn eins. Jesus ist wie ein Fenster, durch das wir dich schauen, wie ein Transparent, durch das du uns aufleuchtest. Wir bitten dich: Laß uns deinen Sohn immer besser erkennen, daß wir ihm nachfolgen, aus der Finsternis heraustreten und Anteil gewinnen an seinem Licht.

**zur Reihe VI:** Ihres Kindleins vergessen? (Jes 49,13-16)
Vater Jesu Christi, wir danken dir, daß du uns in deine Hände gezeichnet hast wie Handlinien - unauslöschlich und für ewig. Du hast uns deine Liebe zugesichert im Bund der Taufe. Wir loben und preisen dich, daß deine Liebe mütterlich ist und voller Barmherzigkeit.

## FÜRBITTENGEBET

Herr, himmlischer Vater, wir danken dir für die Menschen, mit denen wir in Liebe und Vertrauen verbunden sind. Wir danken dir für alle Freundlichkeit und Hilfsbereitschaft, für alle Zeichen des Wohlwollens und der Zuneigung, die wir erfahren. Wir bitten dich: Hilf uns, daß wir diejenigen nicht enttäuschen, die sich auf uns verlassen; daß wir helfen, wo unsere Hilfe nötig ist; daß wir gute Worte finden für jene, die des Zuspruchs bedürfen. Herr, halte uns verbunden mit allen, die wir lieb haben, und gib uns die Kraft, mit denen, die uns schwer fallen, wenigstens korrekt und höflich umzugehen. Amen.

## ALTJAHRESABEND

**Spruch des Tages:** Barmherzig und gnädig ist der Herr, geduldig und von großer Güte.   Ps 1o3,8

### PSALM

Ich hebe meine Augen auf zu den Bergen.
Woher kommt mir Hilfe?

Meine Hilfe kommt vom Herrn,
    der Himmel und Erde gemacht hat.
Er wird deinen Fuß nicht gleiten lassen,
    und der dich behütet, schläft nicht.
(Er wird dich nicht straucheln lassen.
    Er wird nicht müde, dich zu behüten.)
Siehe, der Hüter Israels
    schläft und schlummert nicht.
(Wie dein Schatten nicht flieht,
    so ist er um dich Tag und Nacht.)
Der Herr behüte dich;
    der Herr ist dein Schatten über deiner rechten Hand,
daß dich des Tages die Sonne nicht steche
    noch der Mond des Nachts.
Der Herr behüte dich vor allem Übel,
    er behüte deine Seele.
Der Herr behüte deinen Ausgang und Eingang
    von nun an bis in Ewigkeit!
(Der Herr behüte dich beim Kommen und Gehen,
    der Herr behüte dich bis in die Ewigkeit.)

Ich hebe meine Augen auf zu den Bergen.
Woher kommt mir Hilfe?

                                      nach Ps 121

# ALTJAHRESABEND

## KOLLEKTENGEBET

Jesus Christus, Herr und Bruder, wir sagen dir Dank, daß wir das vergehende Jahr unter deinem Schutz und Geleit vollenden dürfen. Wir danken dir für alle Bewahrung. Wir bitten dich: Sei mit uns auch im neuen Jahr, der du mit dem Vater in der Einheit des Heiligen Geistes lebst und regierst von Ewigkeit zu Ewigkeit. Amen.

**zur Reihe I:** Lenden umgürten! (Lk 12,35-4o)
Herr, unser Gott, die Jahre vergehen so schnell. Viele unter uns haben Abschiede bewältigen müssen, weil der Tod sie beraubte. Der Tod kommt oft ohne Vorwarnung. Aber selbst, wenn er sich ankündigt, verdrängen wir ihn aus dem Gedächtnis. Herr, laß uns wachsam sein und mach uns bereit, die Zeit als Leihgabe dir zurückzugeben.

**zur Reihe II:** Wer mag wider uns sein? (Rö 8,31-39)
Herr, unser Gott, es ist tröstlich zu wissen, daß uns nichts von deiner Liebe trennen kann. Du weißt, wie leicht wir verzagen in Leid und Kummer, wie schnell wir irre werden, ob du es wirklich gut mit uns meinst. Wir bitten dich: Halte uns fest an deiner Hand. Laß uns auf Vergangenes dankbar zurückblicken und daraus die Zuversicht gewinnen, daß du auch weiterhin an unserer Seite sein wirst.

**zur Reihe III:** Wenn ihr umkehrt... (Jes 3o,8-17)
Herr, unser Gott, wir haben dir zu danken für alle Freundlichkeit, die uns begegnete, für alle Liebe, die wir empfingen, für alle Kraft, die du uns gabst. Vergib, wo wir dir keine Ehre gemacht haben. Sieh nicht auf unseren kleinen Glauben, sondern schau auf die große Liebe deines Sohnes zu uns. Laß uns nicht verzagen, wenn Kummer und Leid uns treffen in dem neuen Jahr. Sei mit uns morgen und in Ewigkeit.

# ALTJAHRESABEND

**zur Reihe IV:** Gott in der Feuersäule (Ex 13,2o-22)
Herr, unser Gott, du bist dem Volk Israel vorangezogen und hast ihnen den Weg ins gelobte Land gewiesen. Davor aber lag die Wüste. Auch wir legen manchmal Wegstrecken in unserem Leben zurück, wo wir ohne Orientierung sind und umzukommen meinen. Das Leben kann wie Wüste sein. Sei du uns dann voraus. Laß uns dich nicht aus den Augen verlieren. Herr, hab Dank für alles Geleit.

**zur Reihe V:** Wirklich frei sein! (Jo 8,31-36)
Herr, unser Gott, wir wandern von einem Jahr zum andern. Wir sagen dir Dank, daß du uns weitergeholfen hast, wenn wir am Ende waren mit unserer Kraft. Wir sagen dir Dank, daß du uns Menschen an die Seite gegeben hast, die es gut mit uns meinen, daß wir Hilfe und Freundlichkeit erfahren haben. Wir bitten dich: Mach wahr, was du versprochen hast, daß du bei uns sein wirst alle Tage bis an der Welt Ende.

**zur Reihe VI:** Daß das Herz fest werde (Hebr 13,8-9)
Herr, unser Gott, wir sind der Vergänglichkeit unterworfen. Unsere Zeit läuft ab, Stunde um Stunde, Tag für Tag, Jahr für Jahr. Doch du stehst über der Zeit. Du warst, ehe wir waren, und du wirst sein in Ewigkeit. Wir bitten dich: Mach unser Herz fest im Glauben an deine Barmherzigkeit.

## FÜRBITTENGEBET

Herr, wir bitten dich für alle, die Angst haben vor dem neuen Jahr, die ohne Hoffnung sind und nur Böses erwarten: Laß sie deine Nähe spüren, daß sie Zuversicht gewinnen. Wir bitten dich für alle, die an sich selbst leiden, denen nichts gelingt, die sich nutzlos vorkommen: Laß sie nicht versinken in den finsteren Gedanken, sondern gib ihnen Menschen an die Seite, die ihnen Mut machen, die sie achten und spüren lassen, daß auch sie gebraucht werden. Herr, wir legen das zu Ende gehende Jahr in deine Hände. Wir bitten dich: Sei mit uns an jedem neuen Tag. Amen.

## NEUJAHR

**Spruch des Tages:** Alles, was ihr tut mit Worten oder mit Werken, das tut alles im Namen des Herrn Jesus und dankt Gott, dem Vater, durch ihn.

Kol 3,17

### PSALM

Herr, unser Herrscher, wie herrlich ist dein Name in allen Landen, der du zeigest deine Hoheit am Himmel.

Wenn ich sehe den Himmel, deiner Finger Werk,
    den Mond und die Sterne, die du bereitet hast:
was ist der Mensch, daß du seiner gedenkst,
    und des Menschen Kind, daß du dich seiner annimmst?
(Das Kleinste wie das Größte
    verdanken sich deinem Wollen.)
Du hast den Menschen wenig niedriger gemacht als Gott,
    mit Ehre und Herrlichkeit hast du ihn gekrönt.
Du hast ihn zum Herrn gemacht über deiner Hände Werk,
    alles hast du unter seine Füße getan:
(Wer sind wir, daß du dich um uns kümmerst?
    Womit hätten wir verdient, daß du uns liebst?
Ein Abglanz deiner Größe dürfen wir sein,
    Verantwortung hast du uns übertragen.
Zu deinen Partnern hast du uns erklärt,
    Deine Schöpfung hast du uns anvertraut.)

Herr, unser Herrscher, wie herrlich ist dein Name in allen Landen, der du zeigest deine Hoheit am Himmel.

nach Ps 8

# NEUJAHR

## KOLLEKTENGEBET

Jesus Christus, Herr und Bruder, wir treten in ein neues Jahr und bitten dich um dein Geleit. Laß es ein "Jahr des Herrn" werden, ein Jahr, in dem wir deine Spuren wahrnehmen, dein Wort hören und uns deiner Gegenwart getrösten, der du mit dem Vater in der Einheit des Heiligen Geistes lebst und regierst von Ewigkeit zu Ewigkeit. Amen.

## GEBET

**zur Reihe I:** Jesus in Nazareth (Lk 4,16-21)
Gott, unser Vater, du hast deinen Sohn gesandt, daß er die Gefangenen frei mache, die Blinden sehend und die Zerschlagenen wieder aufrichte. Wir danken dir, daß du dich unseren Nöten zuwendest. Wir bitten dich: Hilf uns, daß wir uns nicht sperren, wenn du uns heilen willst. Wir erkennen sehr wohl, daß vieles an uns krank ist und der Heilung bedarf.

**zur Reihe II:** Gegen den Selbstruhm (Jak 4,13-15)
Gott, unser Vater, wir haben viele Pläne. Wir fassen zu Beginn des Jahres große Vorsätze. Doch bleiben wir hinter unseren Zielen zurück. Nur wenn du es willst, werden wir leben und dies oder das tun. Laß es uns nicht vergessen, daß an deinem Segen alles gelegen ist, damit wir dich stets neu und bei all unserem Planen und Ausführen um deinen Segen bitten.

**zur Reihe III:** Ich bin der Weg (Jo 14,1-6)
Gott, unser Vater, dein Sohn ist der Weg und die Wahrheit. Er ist die Tür zu dir. Er hat uns versprochen, daß wir einmal bei dir sein werden, in deiner Nähe, in deiner Gegenwart. Wir bitten dich: Hilf uns, daß wir dieses Ziel nicht aus den Augen verlieren, daß wir die Sehnsucht nach der ewigen Heimat in uns wach halten.

## NEUJAHR

**zur Reihe IV:** Gott ist mir dir! (Jos 1,1-9)
Gott, unser Vater, du willst uns nicht verlassen noch von uns weichen. Du sprichst uns zu: "Seid getrost und unverzagt!" Solchen Zuspruch brauchen wir immer wieder, denn vieles will uns an deiner Liebe irre machen. Wie Josua wird auch uns oft bange vor den Aufgaben, die wir lösen sollen. Wir bitten dich: Sei mit uns in allem, was wir in deinem Namen beginnen.

**zur Reihe V:** Des Menschen Herz...! (Spr 16,1-9)
Gott, unser Vater, wir erdenken uns Wege. Wir planen für morgen und sorgen uns um die fernere Zukunft, doch immer wieder führst du uns ganz anders. Oft verstehen wir deine Fügungen erst nach langer Zeit, aus zeitlichem Abstand. Wir bitten dich: Bewahre uns davor, daß wir verbittern und mit dir hadern, wenn unser Leben anders verläuft als wir es uns ausdenken. Gib uns das tiefe Vertrauen zu dir, daß du es gut mit uns meinst.

**zur Reihe VI:** Ich vermag alles durch ihn (Phil 4,1o-2o)
Gott, unser Vater, Paulus ist uns ein großes Vorbild. Alles nahm er aus deiner Hand an: die guten und die bösen Tage, das Erfreuliche und das Leidvolle, das Lachen und die Tränen. Wir bitten dich: Laß uns stets deine Nähe spüren in diesem neuen Jahr, damit wir nicht irre werden an dir durch das, was du uns zugedacht hast.

### FÜRBITTENGEBET

Herr, wir danken dir für deine Zusage, daß du bei uns bist alle Tage bis an der Welt Ende. Wie leicht verzagen wir, wenn wir die Schreckensnachrichten hören und sehen. Die Probleme in den Familien, im Beruf und in der Politik häufen sich und wollen uns die Zuversicht rauben. Mach uns gewiß, daß du bei uns bist, was immer auch kommen mag. Schenke uns die Geborgenheit, die wir brauchen, damit wir uns den Problemen ohne Angst und Panik stellen. Laß uns gelassen und sachlich an die Aufgaben herangehen, die du uns stellst. Gib uns neue Kraft. Amen.

## 2. SONNTAG NACH WEIHNACHTEN

**Wochenspruch:** Wir sahen seine Herrlichkeit, eine Herrlichkeit als des eingeborenen Sohnes vom Vater, voller Gnade und Wahrheit.   Joh 1,14b

### PSALM

Wohl denen, die in deinem Hause wohnen;
die loben dich immerdar.

Ich will anbeten vor deinem heiligen Tempel
    und deinen Namen preisen für deine Güte und Treue.
(Jeder gebe Gott die Ehre!
    Ihn loben - das sei unsre Freude!)
Wenn ich dich anrufe, so erhörst du mich
    und gibst meiner Seele große Kraft.
(Sich der Gegenwart Gottes vergewissern,
    das macht das Herz froh.
Hirte will er uns sein,
    darum laßt uns ihm folgen und seinem Wort trauen.
Denn Gott ist uns wohlgesonnen,
    auf seine Güte ist Verlaß.)

Wohl denen, die in deinem Hause wohnen;
die loben dich immerdar.

nach Ps 84,5/Ps 138

## 2. SONNTAG NACH WEIHNACHTEN

### KOLLEKTENGEBET

Jesus Christus, Herr und Bruder, die drei Weisen haben dich angebetet. Hirten und Gelehrte beugten vor dir die Knie. Wir bitten dich: Weise auch uns den Weg, daß wir dich finden und preisen, daß unser Suchen bei dir zum Ziel kommt, der du mit dem Vater in der Einheit des Heiligen Geistes lebst und regierst von Ewigkeit zu Ewigkeit. Amen.

### GEBET

**zur Reihe I:** Der Zwölfjährige im Tempel (Lk 2,41-52)
Gott, gütiger Vater, auch wir sind zum Gotteshaus gekommen wie Jesus, um dein Wort zu hören, uns deiner Gegenwart zu versichern, um deinen Segen zu erbitten. Laß uns nicht leer in den Alltag zurückkehren, sondern stärke uns in der Gewißheit, daß du bei uns sein wirst heute und in Ewigkeit.

**zur Reihe II:** Gottes Zeugnis über Jesus (1 Jo 5,11-13)
Gott, gütiger Vater, in deinem Sohn bietest du uns ewiges, der Vergänglichkeit entzogenes Leben an. Glaube, Liebe und Hoffnung enden nicht am Grab, sondern greifen darüber hinaus. Wir bitten dich um diesen unerschütterlichen Glauben, diese brennende Liebe und diese unbesiegbare Hoffnung. Denn unser Glaube wankt oft, unsere Liebe ist halbherzig, und unsere Hoffnung geht leicht zuschanden.

**zur Reihe III:** Nathanael bekennt (Jo 1,43-51)
Gott, gütiger Vater, wir danken dir, daß du den Himmel aufgetan hast, daß Jesus uns den Weg zu dir weist. Wir bitten dich: Besiege du selbst die Zweifel, überwinde unseren Kleinglauben und mach uns tüchtig zur Nachfolge. Du weißt, daß wir deinen Ruf zwar hören, doch der Weg vom Herzen bis in die Hand, vom Wollen bis zum Vollbringen, ist weit.

## 2.SONNTAG NACH WEIHNACHTEN

**zur Reihe IV:** Die Kleider des Heils (Jes 61,1-1o)
Gott, gütiger Vater, bei unserer Taufe hast du uns mit Kleidern des Heils angezogen und mit dem Mantel der Gerechtigkeit umkleidet. Du hast Ja zu uns gesagt, obgleich ein Nein gerechtfertigt gewesen wäre. Du erlaubst uns, daß wir uns nach deinem Sohn Christen nennen. Wir bitten dich: Hilf uns, daß wir diesem Namen keine Schande bereiten, daß wir vielmehr mit unserem Tun und Lassen, unserem Reden und Handeln dir Ehre erweisen.

**zur Reihe V:** Der mich gesandt hat (Jo 7,14-18)
Gott, gütiger Vater, Jesus hat uns eingeladen, deinen Willen zu tun. Du weißt, wie schwer wir uns damit tun, wie leicht wir uns abbringen lassen von dem, was wir als deinen Willen erkannt haben. Wir bitten dich: Laß uns besser hören und aus dem Hören zum Gehorsam finden. Hilf unserem schwachen Glauben und mach uns Mut, es mit der Nachfolge deines Sohnes ernster zu nehmen.

**zur Reihe VI:** Offenbart durch Predigt (Rö 16,25-27)
Gott, gütiger Vater, wir wollen dir die Ehre geben, doch es gelingt uns so schlecht. Wir wollen dich loben und preisen, doch statt des Dankes drängen sich immer wieder die Bitten und Klagen nach vorn. Wir wollen deinen Namen hoch halten, doch immer wieder wird uns anderes wichtiger. Wir bitten dich: Gib uns deinen Geist, daß er uns wandle und tüchtiger mache.

## FÜRBITTENGEBET

Herr Jesus Christus, du kennst unsere Halbheiten, unsere "Sowohl-als-auchs". Immer wieder gehen wir den sanften Weg des geringsten Widerstandes und weichen aus, wo klare Haltung, deutliches Bekennen und Handeln gefordert wären. Wir bitten dich: Nimm von uns alle Unsicherheit, Feigheit und Bequemlichkeit, wenn es gilt, sich zu dir zu bekennen, Böses böse und Unwahres Lüge zu nennen. Mach uns stark, wenn wir entschieden eintreten sollen für die Bewahrung deiner Schöpfung, für Frieden und Gerechtigkeit. Amen.

# EPIPHANIAS

**Spruch des Tages:** Die Finsternis vergeht, und das wahre Licht scheint jetzt.

1 Joh 2,8b

## PSALM

Gelobt sei sein herrlicher Name ewiglich,
und alle Lande sollen seiner Ehre voll werden! Amen! Amen!

Gott, gib dein Gericht dem König
    und deine Gerechtigkeit dem Königssohn,
daß er dein Volk richte mit Gerechtigkeit
    und deine Elenden rette.
(Gott hat in Jesu Hände gelegt,
    Recht zu sprechen über jedermann.
Er wird uns mit Gott versöhnen,
    uns zurückbringen zum Vater.)
Alle Könige sollen vor ihm niederfallen
    und alle Völker ihm dienen.
Denn er wird den Armen erretten, der um Hilfe schreit,
    und den Elenden, der keinen Helfer hat.
Er wird gnädig sein den Geringen und Armen,
    den Armen wird er helfen.
(Friede und Gerechtigkeit ist sein Wille;
    alle Welt sage ihm Dank!)

Gelobt sei sein herrlicher Name ewiglich,
und alle Lande sollen seiner Ehre voll werden! Amen! Amen!

nach Ps 72

# EPIPHANIAS

## KOLLEKTENGEBET

Jesus Christus, Herr und Bruder, die Hirten bekamen als erste die frohe Botschaft verkündet, und die drei Weisen leitete dein Stern zum Ziel ihrer Sehnsucht. Wir bitten dich: Laß auch uns erkennen, daß du unser Heil willst, daß die Liebe Gottes in dir erscheint, der du mit dem Vater in der Einheit des Heiligen Geistes lebst und regierst von Ewigkeit zu Ewigkeit. Amen.

## GEBET

**zur Reihe I:** Weisen aus dem Morgenland (Mt 2,1-12)
Himmlischer Vater, viele suchen dich und finden dich doch nicht. Viele Menschen haben Fragen und bleiben doch ohne Antwort. Müssen wir vor dir erst in die Knie gehen, um dich zu erkennen? Versteckst du dich, weil du gesucht sein willst? Herr, laß uns nicht müde werden, nach dir zu fragen. Hilf uns immer wieder aufs neue, uns auf den Weg zu machen.

**zur Reihe II:** Heiden als Miterben (Eph 3,2-6)
Himmlischer Vater, wir danken dir, daß du uns zu deinem Volk berufen hast. Nicht wir haben uns zu dir, sondern du hast dich zuerst zu uns bekannt in der Taufe. Nun willst du unsere Antwort. Wir bitten dich: Hilf uns, daß wir deine Menschenfreundlichkeit bezeugen, "daß wir die Liebe, von der wir leben, liebend an andere weitergeben".

**zur Reihe III:** Gnade um Gnade (Jo 1,15-18)
Himmlischer Vater, durch Mose kam das Gesetz, doch Jesus Christus hat uns deine Gnade zugesagt. Wir danken dir, daß uns vor dem Ankläger nicht mehr bange sein muß, weil wir deine Gebote übertreten, sondern daß wir uns auf Jesus berufen dürfen, der für uns eintritt und uns deiner Barmherzigkeit gewiß macht.

## EPIPHANIAS

**zur Reihe IV:** Das Amt des Apostels (Kol 1,24-27)
Himmlischer Vater, wir danken dir, daß du in uns die Hoffnung erweckt hast, daß wir bei dir nicht verlorengehen. Dein Sohn hat uns so zu hoffen erlaubt und gelehrt. Er ist der Anfänger und Vollender des Glaubens. Wir bitten dich: Führe uns über die Anfänge des Glaubens hinaus, laß uns hineinwachsen in diese unverschämte Hoffnung, durch die wir uns nicht schämen, alles - sogar ewiges Leben - von dir zu erhoffen.

**zur Reihe V:** Werde licht! (Jes 6o,1-6)
Himmlischer Vater, mit deinem Sohn ist Licht und Zuversicht in die Welt gekommen. Doch immer wieder sind wir es selbst, die sein Licht verdunkeln, die nur zaghaft glauben, müde lieben und so schwach hoffen. Wir bitten dich: Laß dein Licht alles Finstere in uns überstrahlen, daß Licht von uns ausgehe.

**zur Reihe VI:** Das Licht des Evangeliums (2 Kor 4,3-6)
Himmlischer Vater, du hast dich in Jesus Christus zu erkennen gegeben. An ihm können wir ablesen, wie du zu uns stehst. Er ist dein Ebenbild, der Abglanz deiner Herrlichkeit. Hilf uns, Herr, daß wir uns von deiner Liebe bewegen lassen, daß dein Licht uns den Weg zeigt, den wir gehen sollen.

## FÜRBITTENGEBET

Herr, laß uns das Angebot deiner Liebe nicht ausschlagen. Hilf uns, daß wir zu unterscheiden lernen, was wesentlich und was unwesentlich ist in unserem Leben. Gib uns deinen Geist, daß wir gemäß unserer Taufe leben. Wir bitten dich: Stecke uns an mit deinem heilsamen Willen und laß uns Handlanger deines Heils werden. Zeige uns, welchen Menschen wir aufrichten können. Gib uns Phantasie, Tränen zu trocknen und jemandem über eine Enttäuschung hinwegzuhelfen. Mach unsere Herzen weit, daß alle Kleinlichkeit, Überheblichkeit oder alles Gekränktsein von uns weicht, daß wir den Weg zu anderen Menschen finden. Amen.

## 1. SONNTAG NACH EPIPHANIAS

**Wochenspruch:** Welche der Geist Gottes treibt, die sind Gottes Kinder.    Rö 8,14

### PSALM

Ich habe einen Helden erweckt, der helfen soll,
ich habe erhöht den Auserwählten aus dem Volk.

Ich habe gefunden meinen Knecht David,
    ich habe ihn gesalbt mit meinem heiligen Öl.
Meine Hand soll ihn erhalten,
    und mein Arm soll ihn stärken.
(Ich werde ihn nicht verlassen,
    ich mache ihn stärker als den Tod.)
Er wird mich nennen: Du bist mein Vater,
    mein Gott und Hort, der mir hilft.
Und ich will ihn zum erstgeborenen Sohn machen,
    zum Höchsten unter den Königen auf Erden.
(Weil ich mit ihm eins bin,
    wird er alles überragen.
Er wird mich Vater nennen,
    die Hand, die ihn birgt.)

Ich habe einen Helden erweckt, der helfen soll,
ich habe erhöht einen Auserwählten aus dem Volk.

                                        nach Ps 89

# 1. SONNTAG NACH EPIPHANIAS

## KOLLEKTENGEBET

Jesus Christus, Herr und Bruder, du bist in die Welt gekommen als ein Licht, das unsere Dunkelheiten vertreiben will. Du hast dich taufen lassen, obwohl du ohne Sünde warst. Du hast die Verbidung zum Vater hergestellt. Gott hat dich als seinen Sohn eingesetzt. Wir bitten dich: Laß unsere Taufe das Band zu dir sein, daß uns nichts von deiner Liebe trennen kann, der du mit dem Vater in der Einheit des Heiligen Geistes lebst und regierst von Ewigkeit zu Ewigkeit. Amen.

## GEBET

**zur Reihe I:** Taufe Jesu (Mt 3,13-17)
Allmächtiger Gott, wie du den Himmel aufgerissen hast, um dich mit Jesus zu verbünden, so laß auch uns mit dir verbunden sein. Wie du deinen Geist auf Jesus herabgesandt hast, so laß auch uns von deinem Geist erfüllt sein. Wie du Jesus zu deinem Sohn erklärt hast, so laß auch uns deine Kinder sein.

**zur Reihe II:** Nicht der Welt gleich stellen! (Rö 12,1-8)
Allmächtiger Gott, du willst, daß wir uns dir hingeben mit Leib und Seele, daß an uns sich etwas widerspiegelt von deinem Licht, deiner Liebe und Barmherzigkeit. Das soll unser "vernünftiger Gottesdienst" sein, daß wir deinen Willen tun und uns einsetzen für das Gute, Wahre und Gerechte. Hilf uns, daß wir über das aufrechte Wollen hinauskommen und es auch tun.

**zur Reihe III:** Das Himmelreich ist nahe! (Mt 4,12-17)
Allmächtiger Gott, wir werden zur Umkehr gerufen, damit wir die Nähe deines Reiches erfahren. Du willst, daß wir frei werden von belastender Vergangenheit, daß wir auf dich zugehen als dem Garant unserer Zukunft und unseres Heils. Wir bitten dich: Hilf uns, daß wir auch unseren Schatten bejahen können, weil du ihn für nichtig erklärt hast, weil du nicht die Sünde, aber uns Sünder liebst.

## 1. SONNTAG NACH EPIPHANIAS

**zur Reihe IV:** Rühmet euch des Herrn! (1 Kor 1,26-31)
Allmächtiger Gott, aller Selbstruhm wird uns aus der Hand geschlagen: Ehre bei den Menschen, Vertrauen auf Besitz und Wissen, Stolz auf Geleistetes - das alles zählt vor dir nicht. Es wird mit uns vergehen. Wenn jemandem Ruhm gebührt, dann nur dir allein und deinem Sohn Jesus Christus, unserem Herrn und Bruder. Wir bitten dich: Hilf uns, daß wir aus uns herausgehen, uns verlassen, um uns auf dich einzulassen, unser Vertrauen auf dich zu setzen.

**zur Reihe V:** Das Lamm Gottes (Jo 1,29-34)
Allmächtiger Gott, du hast deinen Sohn zu unserem Sündenbock gemacht, zu dem Lamm, das der Welt Sünde trägt. Er hat unsere Sünde auf sich genommen, um uns zu entlasten. Wir sind ihm eine Last, aber nicht lästig. Er schüttelt uns nicht ab, sondern er geht uns nach mit seiner Liebe. Wir loben und preisen dich.

**zur Reihe VI:** Das geknickte Rohr (Jes 42,1-9)
Allmächtiger Gott, das ist gut zu wissen, daß du das Brüchige an unserem Glauben und die schwache Glut unserer Liebe nicht mit Verachtung strafst, daß du das geknickte Rohr nicht zerbrichst und den glimmenden Docht nicht auslöschst. Dein Sohn antwortet auf unsere Halbheiten mit seinem vollen Herzen, auf unsere Untreue mit seiner Treue, auf unser Fallen mit seinem Aufrichten. Wir danken dir für deine unaussprechliche Güte.

## FÜRBITTENGEBET

Herr, himmlischer Vater, wir danken dir, daß du die Hoffnung mit uns nicht aufgibst. Dein Glaube an uns Menschen ist unerschütterlich. Du suchst uns täglich neu. Wir bitten dich: Laß uns dein Geleit spüren, wenn wir durch finstere Täler gehen. Wir bitten dich für die Menschen, die vor einer Operation stehen, die Angst vor dem Ergebnis einer Untersuchung haben, die nicht wissen, wer ihnen noch helfen könnte. Laß nicht zu, daß die Wogen von Kummer und Sorgen sie begraben und in die Verzweiflung reißen. Sei du mit allen, die sich in ihrer Not an dich wenden. Amen.

## 2. SONNTAG NACH EPIPHANIAS

**Wochenspruch:** Das Gesetz ist durch Mose gegeben; die Gnade und Wahrheit ist durch Jesus Christus gekommen.

Joh 1,17

### PSALM

Danket dem Herrn und rufet an seinen Namen;
verkündigt sein Tun unter den Völkern.

Singet und spielet ihm,
    redet von allen seinen Wundern!
(Auf vielerlei Weise laßt uns Gott preisen.
    Schärft euren Blick für Gottes Walten in der Welt!)
Rühmet seinen heiligen Namen;
    es freue sich das Herz derer, die den Herrn suchen!
Fraget nach dem Herrn und seiner Macht,
    suchet sein Antlitz allezeit!
Er ist der Herr, unser Gott,
    er richtet in aller Welt.
(Er wird in Treue zu denen stehen,
    mit denen er sich verbündet hat in der Taufe.)

Danket dem Herrn und rufet an seinen Namen;
verkündigt sein Tun unter den Völkern!

nach Ps 1o5

## 2.SONNTAG NACH EPIPHANIAS

## KOLLEKTENGEBET

Jesus Christus, Herr und Bruder, du bist der Herr des Lebens. Du kannst aus Wasser Wein machen und Totes zum Leben erwecken. Du wandelst das Gesetz, das uns unser Versagen vorhält, in die froh machende Botschaft deines Evangeliums. Wir bitten dich: Laß auch uns die Freude nicht ausgehen, der du mit dem Vater in der Einheit des Heiligen Geistes lebst und regierst von Ewigkeit zu Ewigkeit. Amen.

## GEBET

**zur Reihe I:** Hochzeit zu Kana (Jo 2,1-11)
Gott, unser Vater, dein Sohn macht Blinde sehend, Taube hörend und Stumme läßt er reden. Er verwandelt Wasser zu Wein. Er läßt Weinende wieder lachen. Er macht aus Sündern Begnadigte und läßt Leben hervorgehen, wo wir nur Tod sehen. Wir bitten dich: Mach uns bereit, das Wunder der Verwandlung an uns geschehen zu lassen.

**zur Reihe II:** Brennend im Geist! (Rö 12,4-16)
Gott, unser Vater, mit der geschwisterlichen Liebe steht es unter uns oft schlecht. Immer wieder drängt sich unser Egoismus vor und belastet die Gemeinschaft. Wir bitten dich: Laß unsere Liebe ohne Falsch sein, unseren Umgang miteinander offen und ehrlich, unsere Hilfbereitschaft fröhlich und zupackend. Steck uns an mit dem Geist deiner Liebe.

**zur Reihe III:** Gottes Herrlichkeit erkennen (Ex 33,17-23)
Gott, unser Vater, wir möchten dich schauen, doch du verbirgst dich vor uns. Nur im Rückblick erkennen wir die Spuren, die du in unserem Leben hinterlassen hast. Im Nachhinein begreifen wir, wo du an unserer Seite warst und uns geleitet hast über Bitten und Verstehen hinaus. Wir bitten dich: Hilf uns beim Nachdenken über das, was du vorausgedacht hast. Hilf uns, deine Spuren in unserem Leben zu entdecken.

## 2. SONNTAG NACH EPIPHANIAS

**zur Reihe IV:** Predigt vom Kreuz (1 Kor 2,1-1o)
Gott, unser Vater, wir möchten, daß uns dein Wort stärker trifft, uns imponiert, so daß wir beeindruckt sind. Doch du verbirgst dich in der Schwachheit menschlicher Worte. Du willst uns nicht zwingen, weil Liebe und Zwang sich nicht vertragen. Laß uns dein Wort so deutlich vernehmen, daß es uns Weisung und Ermutigung ist.

**zur Reihe V:** Warum Fasten? (Mk 2,18-22)
Gott, unser Vater, du möchtest, daß man uns die Freude über deine Liebe und die Entlastung, die uns dein Wort zuspricht, auch anmerkt. Du magst keine sauertöpfigen Mienen. Du als der Herr des Lebens liebst die Freude am Leben. Wir bitten dich: Gib uns Gesichter, die Liebe ausstrahlen; Blicke, die wärmen; Gesten, die aufrichten. Laß uns hoffnungsvoll sein, weil du unsere Zukunft bist.

**zur Reihe VI:** Müde Hände (Hebr 12,12-25)
Gott, unser Vater, Müdigkeit, Wanken und Unsicherheit - das alles ist uns nicht fremd. Schauen wir auf unser Tun und Lassen, unser Glauben und Lieben, so macht uns das depremiert. Doch du lenkst unseren Blick weg vom Berg des Gesetzes hin zum Berg der Barmherzigkeit. Nicht auf dem Berg Sinai, sondern auf Golgatha schauen wir das Heil, sehen wir deine ausgebreiteten Arme. Diese Liebe mache unsere Schritte fest und unsere Hände tüchtig.

### FÜRBITTENGEBET

Ewiger, gütiger Gott, du kennst unsere Mutlosigkeit und unsere Anfechtungen. Wir bitten dich um unerschütterliches Vertrauen, um unbeirrbare Hoffnung und nicht müde werdende Liebe. Wir bitten dich um die Demut des Herzens, daß wir andere annehmen können, wie du uns angenommen hast; daß wir andere tragen und ertragen, wie du uns trägst; daß wir anderen vorurteilsfrei und offen begegnen können. Herr, du willst, daß wir dich im anderen erkennen. Gib uns tröstende Worte für die Traurigen, einen aufmunternden Blick für die Niedergeschlagenen, eine wohltuende Geste für die, die Freundlichkeit dringend brauchen. Amen.

## 3. SONNTAG NACH EPIPHANIAS

**Wochenspruch:** Es werden kommen von Osten und Westen, von Norden und Süden, die zu Tisch sitzen werden im Reich Gottes.  
Lk 13,29

### PSALM

Vom Aufgang der Sonne bis zu ihrem Niedergang
sei gelobt der Name des Herrn!

Herr, neige deine Ohren und erhöre mich;
    denn ich bin elend und arm.
Bewahre meine Seele, denn ich bin dein.
    Hilf du, mein Gott, deinem Knechte,
    der sich verläßt auf dich.
(Wohin sollte ich mich wenden,
    wenn nicht an deine Barmherzigkeit?
Wo könnte ich Geborgenheit finden,
    wenn nicht in deinem Erbarmen?)
Herr, sei mir gnädig;
    denn ich rufe täglich zu dir.
Denn du, Herr, bist gut und gnädig,
    von großer Güte allen, die dich anrufen.
Weise mir, Herr, deinen Weg,
    daß ich wandle in deiner Wahrheit;
erhalte mein Herz bei dem einen,
    daß ich deinen Namen fürchte.
(In Ehrfurcht laß mich deinen Namen nennen,
    mache mein Herz fest im Vertrauen auf dich.)

Vom Aufgang der Sonne bis zu ihrem Niedergang
sei gelobt der Name des Herrn!

nach Ps 113,3/Ps 86

## 3. SONNTAG NACH EPIPHANIAS

### KOLLEKTENGEBET

Jesus Christus, Herr und Bruder, aus allen Nationen rufst du dir ein Volk. Du schaust nicht nach der Hautfarbe, der Nationalität, nach Bildung oder Geschlecht. Du schaust nach unserer Not und Hilfsbedürftigkeit. Wir bitten dich: Weite unser Herz, daß wir Grenzen übersteigen und Gräben überwinden, der du mit dem Vater in der Einheit des Heiligen Geistes lebst und regierst von Ewigkeit zu Ewigkeit. Amen.

### GEBET

**zur Reihe I:** Hauptmann von Kapernaum (Mt 8,5-13)
Herr, unser Gott, auch wir sind nicht wert, daß du unter unser Dach gehst - wie jener Hauptmann von Kapernaum sprach. Sprich nur ein Wort, so wird auch unsere Seele gesund. Du suchst unseren Glauben, unser Vertrauen. Wir bitten dich: Zerbrich in uns, was gegen dich streitet und sich sperrt; heile, was krank ist; stärke, was dahinsiecht. Mach uns im Glauben stark und in der Nachfolge tüchtig.

**zur Reihe II:** Gerechtigkeit aus Glauben (Rö 1,14-17)
Herr, unser Gott, dir liegt das Heil aller Menschen am Herzen. Du willst nicht, daß wir auf unsere guten Werke bauen - was hätten wir auch schon vorzuweisen? Du willst, daß wir deiner Liebe trauen. So sind wir dir recht, im Glauben gerechtfertigt. Wir bitten dich: Laß unser Herz dessen gewiß sein, damit wir dir danken und aus der Dankbarkeit heraus das Rechte tun.

**zur Reihe III:** Der königliche Beamte (Jo 4,46-54)
Herr, unser Gott, jener Vater aus Kapernaum machte sich auf den Weg, nichts in der Hand und im Herzen als deine Zusage. Welche Gedanken und Zweifel mögen sein Vertrauen zu erschüttern versucht haben? Er ging dennoch weiter im Vertrauen zu dir. Auch wir möchten dir so vertrauen, Herr. Hilf unserem brüchigen Glauben auf die Beine und mach uns gewiß, daß du alles zum rechten Ziel führen wirst.

## 3. SONNTAG NACH EPIPHANIAS

**zur Reihe IV:** Elisa heilt Naamann (2 Kön 5,1-19)
Herr, unser Gott, Naaman nahm sich ein Erinnerungszeichen mit, damit er die Quelle seiner Heilung nicht vergißt. Auch uns hast du Zeichen deines Heils gegeben: die Taufe und das Abendmahl. Mit diesen schlichten Elementen - verbunden mit deinem Wort - willst du unseren Glauben stärken. "Das tut zu meinem Gedächtnis!" Laß uns gehorsam sein und die Zeichen deiner Liebe immer wieder empfangen, damit unsere Liebe und unser Glaube nicht erkalte.

**zur Reihe V:** Jesus und die Samariterin (Jo 4,5-14)
Herr, unser Gott, unser Lebensdurst scheint in dem Maße zu wachsen, wie der Wohlstand wächst. Auch wir dürsten nach Wasser, das unseren Lebensdurst stillt. Und wir wissen oder ahnen, daß Irdisches unseren Hunger nach Liebe, unseren Durst nach Gerechtigkeit nie ganz erfüllen wird. Wir bitten dich: Öffne du unsere Augen für erfülltes Leben, von Liebe angefülltes, ewiges Leben.

**zur Reihe VI:** Petrus und Cornelius (Apg 1o,21-35)
Herr, unser Gott, der Lernprozess, den Petrus durchlaufen mußte, ist noch nicht abgeschlossen. Noch immer sind wir zu engherzig, fragen nach Grenzen, nach Traditionen und Gesetzen, nach Rein und Unrein. Wir bitten dich: Laß uns erkennen, was in unserer Frömmigkeit kulturell bedingt und nicht wesentlich ist. Hilf, daß wir ein weites Herz bekommen für die, die ihren Glauben ganz anders leben als wir. Du, Herr, hast die Grenzen zwischen Heiden- und Judenchristen überwinden geholfen. Hilf, daß wir den Unterschieden unter uns nicht erlauben, Mauern zu sein.

### FÜRBITTENGEBET

Herr, unser Gott, du rufst uns in die Nachfolge deines Sohnes. Schenke uns ein weites Herz für die Menschen, die uns schwer fallen, denen wir gerne aus dem Weg gehen. Laß uns barmherzig sein, wie du barmherzig bist. Laß nicht zu, daß uns Haß und Verbitterung beherrschen, sondern mach uns bereit, Versöhnung anzustreben, wo immer es möglich ist. Amen.

## 4. SONNTAG NACH EPIPHANIAS

**Wochenspruch:** Kommt her und sehet an die Werke Gottes, der so wunderbar ist in seinem Tun an den Menschenkindern.

Ps 66,5

### PSALM

Ich will singen von der Gnade des Herrn ewiglich
und seine Treue verkünden mit meinem Mund für und für.

Danket dem Herrn; denn er ist freundlich,
    und seine Güte währet ewiglich.
So sollen sagen, die erlöst sind durch den Herrn,
    die er aus der Not erlöst hat.
Die zum Herrn schrien in ihrer Not,
    und er führte sie aus ihren Ängsten
und stillte das Ungewitter,
    daß die Wellen sich legten
und sie froh wurden, daß es still geworden war
    und er sie zum erwünschten Land brachte:
(Daß der Herr die Stürme des Herzens besänftigte,
    die Füße wieder Grund fühlen ließ,
einen Weg aus den Sackgassen des Lebens zeigte
    und neue Perspektiven eröffnete.)
Die sollen dem Herrn danken für seine Güte,
und für seine Wunder,
    die er an den Menschenkindern tut,
und ihn in der Gemeinde preisen
    und bei den Alten rühmen.

Ich will singen von der Gnade des Herrn ewiglich
und seine Treue verkünden mit meinem Mund für und für.

nach Ps 89,2/Ps 1o7

## 4. SONNTAG NACH EPIPHANIAS

## KOLLEKTENGEBET

Jesus Christus, Herr und Bruder, dir ist gegeben alle Gewalt im Himmel und auf Erden. Wir bitten dich: Mach uns dessen gewiß, daß uns nichts aus deiner Hand reißen, von der Liebe des Vaters scheiden kann, der du mit dem Vater in der Einheit des Heiligen Geistes lebst und regierst von Ewigkeit zu Ewigkeit. Amen.

## GEBET

**zur Reihe I:** Stillung des Sturmes (Mk 4,35-41)
Gott, gütiger Vater, du kennst unseren Kleinglauben. Du weißt, wie leicht wir verzagen in den Stürmen des Lebens. Leid und Schmerz, Not und Kummer lassen uns leicht irre werden an dir. Wir bitten dich: Laß uns, wenn alles unter uns wankt, geborgen sein in dir. Still du die Stürme in unseren Herzen.

**zur Reihe II:** Paulus in Bedrängnis (2 Kor 1,8-11)
Gott, gütiger Vater, es ist nicht selbstverständlich, daß wir täglich die Kraft finden, die wir brauchen, um unseren Lebensweg tapfer weiter zu gehen. Du hast gesagt, du legst uns Lasten auf, du hilfst uns aber auch, sie zu tragen. So bitten wir dich: Sei du in dieser neuen Woche an unserer Seite. Mute uns nicht mehr zu, als wir zu tragen vermögen. Sei bei allen, die ihr Leben mehr erleiden, als daß sie sich daran freuen können.

**zur Reihe III:** Der sinkende Petrus (Mt 14,22-33)
Gott, gütiger Vater, solange wir auf dich und deinen Sohn schauen, können wir die chaotischen, bedrohlichen Mächte unter die Füße bekommen. Aber du weißt, wie leicht wir uns bannen lassen von den Gefahren dieser Welt, wie sehr wir auf die Todesmächte starren, statt nach dir zu blicken. Reich auch uns deine Hand und stell uns wieder auf festen Grund.

## 4. SONNTAG NACH EPIPHANIAS

**zur Reihe IV:** Dank für Glauben in Ephesus (Eph 1,15-20)
Gott, gütiger Vater, es fällt uns schwer, unsere Mitmenschen so zu sehen, wie du sie siehst: als deine geliebten Geschöpfe. Wir blicken auf das, was vor Augen ist, du aber schaust tiefer. Wir bitten dich: Gib uns Augen des Herzens für unsere Mitmenschen; gib uns den Weitblick, daß wir über das Vordergründige hinausschauen und die Hoffnung erkennen, zu der du uns berufen hast.

**zur Reihe V:** Ich bin euer Tröster (Jes 51,9-16)
Gott, gütiger Vater, du willst unser Tröster sein. In der Tat: Um Trost ist uns oft bange. Und wir sind auch nicht frei von Angst vor unseren Mitmenschen. Da gibt es Gemeinheit und Niedertracht in vielen Spielarten. Herr, liefere uns nicht der Bosheit anderer aus, und bewahre die anderen vor unserer Bosheit.

**zur Reihe VI:** Ende der Sintflut (Gen 8,1-12)
Gott, gütiger Vater, Noahs Taube ist zum Inbegriff unserer Friedenssehnsucht geworden. Wir sind rebellische Wesen gegen dich und unsere Mitmenschen. Der Frieden ist überall brüchig. Wir bitten dich: Laß Friede werden - im kleinen Kreis unserer Familien, in der Nachbarschaft, am Ort, in unserer Gemeinde und weltweit. Hilf, daß wir dir die Ehre geben, damit Friede werde auf Erden bei den Menschen, an denen du dein Wohlgefallen hast.

## FÜRBITTENGEBET

Herr Jesus Christus, bleibe bei uns und bei deiner Kirche. Wir bitten dich um kluge Gedanken, um hilfreiche Phantasie, um gute Einfälle, deine Gemeinde zu bauen. Gib uns die rechten Worte für unsere Kinder, wenn wir ihnen unseren Glauben bezeugen wollen. Gib den Erziehern Geduld und Weisheit. Rüste die Politiker mit Verantwortungsbewußtsein aus. Laß die Journalisten der Wahrheit verpflichtet sein. Alle, die in der Wirtschaft Verantwortung tragen, laß über dem Eigennutz das Gemeinwohl nicht vergessen. Herr, mach uns alle tüchtig, unseren Beitrag zu leisten, daß diese Welt menschlicher werde. Amen.

## 5. SONNTAG NACH EPIPHANIAS

**Wochenspruch:** Der Herr wird ans Licht bringen, was im Finstern verborgen ist, und wird das Trachten der Herzen offenbar machen.
1 Kor 4,5b

### PSALM

Herr, du erforschest mich und kennest mich.

Hoffe auf den Herrn und tu Gutes,
    bleibe im Lande und nähre dich redlich.
(Laß dich nicht von Sorgen gefangennehmen,
    erfreue dich vielmehr der Fürsorge des Herrn.)
Habe deine Lust am Herrn;
    der wird dir geben, was dein Herz wünscht.
Befiehl dem Herrn deine Wege
    und hoffe auf ihn, er wird's wohl machen.
(Frage dein Herz: "Was würde Gott dazu sagen?"
    Dann aber geh getrost deinen Weg!)

Herr, du erforschest mich und kennest mich.

Nach Ps 139,1/Ps 37

## 5. SONNTAG NACH EPIPHANIAS

### KOLLEKTENGEBET

Jesus Christus, Herr und Bruder, du sammelst dir Freunde aus allen Völkern und sozialen Schichten. Deine Liebe übersteigt die Grenzen, die wir aufrichten. Wir bitten dich: Gib uns Anteil an deiner alle Menschen umfassenden Liebe, der du mit dem Vater in der Einheit des Heiligen Geistes lebst und regierst von Ewigkeit zu Ewigkeit. Amen.

### GEBET

**zur Reihe I:** Unkraut unter Weizen (Mt 13,24-3o)
Himmlischer Vater, du läßt es regnen über Gute und Böse. Bewahre uns davor, daß wir uns abgrenzen, uns entrüsten und uns über andere erheben. Gib, daß sich jeder in deiner Gemeinde angenommen und geachtet fühlt. Wehre allen, die Zwietracht säen. Laß die, die sich im Glauben stark fühlen, dankbar sein. Und laß die, die sich im Glauben schwach fühlen, Hilfe finden in der Gemeinde.

**zur Reihe II:** Gottes Gnade in Korinth (1 Kor 1,4-9)
Himmlischer Vater, dies wünschen wir uns, daß du uns fest erhältst bis ans Ende, daß wir vor dir als untadelig gelten mögen, weil dein Sohn allen Tadel, alles Gericht auf sich genommen hat. Laß uns dies nicht vergessen, wenn uns unser Gewissen verklagt, wenn der Verkläger uns an deiner Güte zweifeln lassen möchte.

**zur Reihe III:** Wer wäre Gott gleich? (Jes 4o,12-25)
Himmlischer Vater, du bist der Unvergleichliche, der über alles Erhabene. Wir können dich nur mit Irdischem vergleichen und tun so deiner Ehre und Hoheit Abbruch. Wenn uns schon das Alter der Erde und die Dimensionen des Kosmos unvorstellbar sind, wie sollten wir uns dich vorstellen können? Wir bitten dich, laß uns Ehrfurcht haben vor deiner Größe - Ehrfurcht, die nicht in der Furcht, sondern in der Liebe ihre Wurzeln hat. Hilf uns, deinen Namen hoch achten.

## 5.SONNTAG NACH EPIPHANIAS

**zur Reihe IV:** Befiehl dem Herrn deine Wege (Ps 37,1-7)
Himmlischer Vater, dir befehlen wir unsere Wege an. Auf dich hoffen wir, daß du es wohl mit uns machen wirst. Du hast uns in der Taufe zugesichert, daß wir dir recht sind, daß unsere Gerechtigkeit nicht in dem gründet, was wir tun, sondern was dein Sohn für uns getan hat. Das bewahrt uns davor, an uns selbst und unserer lauen Liebe zu dir zu verzweifeln. Herr, stärke unseren Glauben.

**zur Reihe V:** Keinen Gefallen am Tod (Hes 33,1o-16)
Himmlischer Vater, das ist uns Trost, daß du keinen Gefallen am Tode der Gottlosen hast, sondern uns die Umkehr ermöglichst. Hilf uns, zu dir zurückzufinden, wenn wir uns von dir abgewandt haben. Behalte deine Arme allezeit für uns geöffnet, wie jener Vater, der den verlorenen Sohn zurück erwartete. Gib, daß uns Stolz und Selbstgerechtigkeit nicht im Wege stehen, zu dir zu kommen.

**zur Reihe VI:** Mein Herz ist bereit (Ps 57,8)
Himmlischer Vater, ein Herz, das aus sich herausgeht, sich nach dir ausstreckt, um dir Lob und Dank zu sagen, das wird auch dann noch lobpreisen, wenn es aufgehört hat zu schlagen. Dein Lob wird in Ewigkeit nicht verstummen. Ein Herz, das nur für sich selbst schlüge, ist im wahrsten Sinne herzlos. Herzlich aber ist jenes, das um sein Woher und Wohin weiß. Herr, gib uns ein solches Herz, das für dich schlägt - heute und in Ewigkeit.

## FÜRBITTENGEBET

Herr, wir danken dir, daß du die Brücke zum Vater wurdest und den Graben der Sünde zugeschüttet hast durch deine Vergebung. Wir bitten dich: Laß auch uns Brücken bauen. Hilf uns, Vertrauen wachsen zu lassen, wo Mißtrauen herrscht. Laß Verständnis an die Stelle von Kopfschütteln treten. Gib Großmut, wo Empörung sich breit macht. Wir bitten dich besonders für die Ehen, die auseinanderzubrechen drohen und für alle, die unter den Konflikten zwischen den Generationen leiden: Laß an unserem Umgang miteinander etwas von deiner Liebe spürbar werden. Amen.

# LETZTER SONNTAG NACH EPIPHANIAS

**Wochenspruch:** Über dir geht auf der Herr und seine Herrlichkeit erscheint über dir.

Jes 60,2

## PSALM

Bei dir ist die Quelle des Lebens,
und in deinem Lichte sehen wir das Licht.

Der Herr ist König; des freue sich das Erdreich
    und seien fröhlich die Inseln, soviel ihrer sind.
(Ohne Gott ist nichts, was ist.
    Durch sein Wort kommt alles ins Dasein.)
Seine Blitze erleuchten den Erdkreis,
    das Erdreich sieht es und erschrickt.
(Unseren Blicken ist Gott verborgen,
    doch an seinem Walten erkennen wir den Herrn.)
Die Himmel verkündigen seine Gerechtigkeit,
    und seine Herrlichkeit sehen alle Völker.

Bei dir ist die Quelle des Lebens,
und in deinem Lichte sehen wir das Licht.

nach Ps 36,1o/Ps 97

## LETZTER SONNTAG NACH EPIPHANIAS

### KOLLEKTENGEBET

Jesus Christus, Herr und Bruder, du hast dich den Jüngern zu erkennen gegeben. Wir bitten dich: Laß auch uns durch das Vordergründige hindurchschauen und dich in deinem Herrsein erkennen, der du mit dem Vater in der Einheit des Heiligen Geistes lebst und regierst von Ewigkeit zu Ewigkeit. Amen.

### GEBET

**zur Reihe I:** Verklärung Jesu (Mt 17,1-9)
Allmächtiger Gott, auf einem Berg wähnen wir uns dem Himmel näher, aber die Tiefen des Lebens holen uns schnell ein. Das viele Leid in der Welt verstellt uns den Blick, so daß wir dein Walten kaum wahrnehmen. Wir bitten dich: Laß uns immer wieder in Jesus deine Herrlichkeit schauen, hole uns heraus aus den Tiefen; laß uns in Jesus deine Liebe und Barmherzigkeit erkennen.

**zur Reihe II:** Schatz in irdenen Gefäßen (2 Kor 4,6-1o)
Allmächtiger Gott, in Jesus bist du Mensch geworden. In ihm hat dein göttliches Wort die Gestalt eines irdenen, zerbrechlichen Gefäßes angenommen. Wir bitten dich: Hilf uns, daß wir dein Wort aus den vielen menschlichen Worten heraushören, daß wir nicht Anstoß nehmen an deiner Menschwerdung.

**zur Reihe III:** Berufung des Mose (Ex 3,1-14)
Allmächtiger Gott, du hast dich dem Mose als der Gott Abrahams, Isaaks und Jakobs vorgestellt. Mit dir hatten sie in der Geschichte Erfahrungen gemacht. Diesen Vätern vertraute Mose. Hilf uns, Herr, daß unsere Kinder und Enkel an "unserem" Gott auch "ihren" Gott erkennen, daß wir dich glaubwürdig bezeugen.

## LETZTER SONNTAG NACH EPIPHANIAS

**zur Reihe IV:** Johannes auf Patmos (Offb 1,9-18)
Allmächtiger Gott, durch den Seher Johannes hast du deine Gemeinde in der Verfolgungszeit getröstet und zum Festhalten am Glauben ermutigt. Wenn wir auch nicht verfolgt werden, so ist unser Glaube doch oft in Gefahr. Das viele Leid in der Welt macht uns immer wieder unsicher. Wir bitten dich, stärke unseren Glauben, unser Festhalten an dir. Gib uns Menschen, die uns im Glauben helfen.

**zur Reihe V:** Glaubt an das Licht! (Jo 12,34-41)
Allmächtiger Gott, Jesus ist das Licht der Welt. Bewahre uns vor dem Irrtum, die Nacht würde über den Tag siegen. Du hast die Herrschaft der Dunkelheit begrenzt. Am Ende wird uns ein Licht aufgehen. Wir werden dich als den Inbegriff alles Lichtvollen begreifen. Laß uns schon jetzt an deinem Licht Anteil haben, damit wir mithelfen, die Finsternis dieser Welt zu bekämpfen.

**zur Reihe VI:** Morgenstern im Herzen (2 Petr 1,16-21)
Allmächtiger Gott, du willst, daß in unseren dunklen Herzen Christus als unser Licht aufgehe. Wie oft weichen wir ihm aus oder schirmen uns ab. Wir vergessen sein Wort und sperren uns gegen die Nachfolge. Wir bitten dich: Brich allen Widerstand in uns. Komm uns so nahe, daß dein Licht uns erfaßt, erwärmt und erleuchtet. Hilf, daß wir dein Licht reflektieren, daß wir deine Liebe weitergeben an die Menschen, mit denen wir zusammenkommen.

## FÜRBITTENGEBET

Herr Jesus Christus, wir danken dir für das Licht dieses Tages, für die Zeit, die du uns schenkst. Wir bitten dich für alle Menschen, die an dir irre geworden sind, die nicht mehr glauben können und sich von dir verlassen fühlen: Führe du sie heraus aus ihrer Not. Und wenn du uns gebrauchen kannst, einem Menschen Licht in sein Leben zu bringen, so mache uns dazu bereit und tüchtig. Öffne uns die Augen, schärfe unsere Ohren, löse unsere Zunge, wenn es gilt, Not wahrzunehmen, dich zu bezeugen und zuzupacken. Amen.

## SEPTUAGESIMAE

**Wochenspruch:** Wir liegen vor dir mit unserm Gebet und vertrauen nicht auf unsre Gerechtigkeit, sondern auf deine große Barmherzigkeit.     Dan 9,18

### PSALM

Seid getrost und unverzagt alle, die ihr des Herrn harret!

Wie groß ist deine Güte, Herr,
    die du bewahrt hast denen, die dich fürchten,
und erweisest vor den Leuten
    denen, die auf dich trauen!
(Lebensmut will Gott schenken
    allen, die ihm vertrauen.)
Gelobt sei der Herr;
    denn er hat seine wunderbare Güte mir erwiesen
in einer festen Stadt.
(Gemeinheiten anderer kann ich ertragen,
    Verleumdungen kann ich verkraften,
denn du, Gott, stehst zu mir,
    mein Innerstes ist dir nicht verborgen.)
Ich sprach wohl in meinem Zagen:
    Ich bin von deinen Augen verstoßen.
Doch du hörtest die Stimme meines Flehens,
    als ich zu dir schrie.
(In dunklen Stunden meinte ich zwar,
    mein Gebet erreicht nicht Gottes Herz,
doch nun bin ich gewiß:
    Der Herr steht mir zur Seite.)

Seid getrost und unverzagt alle, die ihr des Herrn harret!

                                       nach Ps 31

# SEPTUAGESIMAE

## KOLLEKTENGEBET

Jesus Christus, Herr und Bruder, vor dir können wir nicht bestehen, wenn wir auf unsere Taten und Untaten schauen. Du hast das Leiden angenommen und bist den schweren Weg der Passion gegangen, um uns zurechtzubringen, um uns zu versöhnen mit Gott. Laß uns dein Leiden in dieser Passionszeit recht bedenken, daß es neue Liebe zu dir erwecke, der du mit dem Vater in der Einheit des Heiligen Geistes lebst und regierst von Ewigkeit zu Ewigkeit. Amen.

## GEBET

**zur Reihe I:** Arbeiter im Weinberg (Mt 2o,1-16)
Vater Jesu Christi, wir loben und preisen dich, daß du uns nicht entlohnst, wie wir es verdient hätten, denn dann müßte uns angst und bange sein. Du schaust unsere Bedürftigkeit an und nicht unsere Würdigkeit. Du lädst uns ein, nicht auf unserem Recht zu pochen, sondern auf deine Barmherzigkeit zu vertrauen. Hilf uns, daß wir danach leben und uns trösten, wenn unser Gewissen uns verklagt, weil wir so schlechte Arbeiter sind in deinem Weinberg.

**zur Reihe II:** In der Kampfbahn (1 Kor 9,24-27)
Vater Jesu Christi, du willst, daß wir uns deiner Barmherzigkeit würdig erweisen, daß wir darum kämpfen, was du uns schon aus Liebe zugesagt hast: den unvergänglichen Kranz des ewigen Lebens. Unser Laufen in der Kampfbahn ist nicht die Voraussetzung, sondern die Folge des Sieges, den du aus Gnaden schenkst. Mach uns tüchtig dazu, damit dein Name gepriesen werde.

**zur Reihe III:** Wir sind unnütze Knechte (Lk 17,7-1o)
Vater Jesu Christi, in der Welt herrscht das Gesetz von Leistung und Lohn. Von früh auf werden wir zu solchem Denken und Rechnen erzogen. Darum tun wir uns mit deiner Barmherzigkeit so schwer. Es erfüllt uns sogleich mit Stolz, wenn uns einmal wahre Liebe gelungen ist. Wir bitten dich: Mache uns frei von allem Berechnen, sondern laß uns auf deine Güte trauen.

# SEPTUAGESIMAE

**zur Reihe IV:** Wessen sich rühmen? (Jer 9,22-23)
Vater Jesu Christi, was wir bauen, worauf wir stolz sind, was wir leisten - alles wird wie ein Kartenhaus in sich zusammenfallen, wenn du uns fragen wirst, ob wir deiner Liebe gemäß gelebt haben. Hilf uns, daß wir loslassen, was uns oft so wichtig, letztlich aber nichtig ist. Wir wollen auf deine Barmherzigkeit vertrauen und dich rühmen, weil du so gnädig bist.

**zur Reihe V:** Der Zöllner Matthäus (Mt 9,9-13)
Vater Jesu Christi, du hast uns durch deinen Sohn wissen lassen, daß du keinen verachtest. Wir spüren, daß unsere Beziehung zu dir krank ist, daß wir der Heilung bedürfen. Dein Sohn will wegnehmen, was uns von dir trennt, daß er uns heil mache. Wir bitten dich: Sei uns gnädig und nimm uns erneut auf in deine Gemeinschaft.

**zur Reihe VI:** Gottes Gerechtigkeit (Rö 9,14-24)
Vater Jesu Christi, aus deiner Hand kommen wir. Wer sind wir, daß wir als deine Geschöpfe uns beklagen und mit dir rechten dürften? Herr, mache uns demütig und aus der Demut heraus tüchtig. Sei uns gnädig und laß uns gnädig mit anderen umgehen. Laß uns deine Barmherzigkeit spüren, damit wir Barmherzigkeit üben.

## FÜRBITTENGEBET

Herr, barmherziger Vater, wenn du uns hilfst, so ist uns geholfen. Du kennst die Not eines jeden. Sei du nahe allen, die dich anrufen. Herr, du weißt, daß wir es nicht schaffen, allen Versuchungen zu widerstehen. Wie dein Sohn möchten auch wir in unerschütterlicher Einheit mit dir sein. Schau nicht auf unsere Sünden, sondern auf Jesus Christus, der für uns eintritt. Wir bitten dich für die Menschen, die nicht an deine vergebende Liebe glauben, die sich mit Selbstvorwürfen zermartern und Schuldgefühle nicht loswerden. Gib ihnen Menschen, die ihnen in deiner Vollmacht das erlösende und heilende Wort zusprechen. Herr, mach uns getrost, weil du uns liebst, und laß uns wachsam sein vor dem Versucher. Amen.

## SEXAGESIMAE

**Wochenspruch:** Heute, wenn ihr seine Stimme hören werdet, so verstockt eure Herzen nicht.             Hebr 3,15

### PSALM

Herr, dein Wort bleibt ewiglich, so weit der Himmel reicht.

(Dein Wort, Herr, zeigt mir im Dunkeln den Weg,
    daß ich nicht strauchle, sondern das Ziel finde.)
Deine Wahrheit währet für und für.
    Du hast die Erde fest gegründet, und sie bleibt stehen.
Sie steht noch heute nach deinen Ordnungen;
    denn es muß dir alles dienen.
(Nichts ist so beständig wie deine Treue.
    Solange du willst, hat die Erde Bestand.)
Erhalte mich durch dein Wort, daß ich lebe,
    und laß mich nicht zuschanden werden in meiner Hoffnung.
(Laß mich Mut schöpfen und auf dich blicken,
    denn du hast mir deine Treue zugesagt.)

Herr, dein Wort bleibt ewiglich, so weit der Himmel reicht.

                                                                nach Ps 119

# SEXAGESIMAE

## KOLLEKTENGEBET

Jesus Christus, Herr und Bruder, du streust den Samen des Evangeliums unter uns aus. Du selbst sorgst dafür, daß die Ernte reich sein wird. So machst du uns Mut, daß auch wir mithelfen auf deinem Ackerfeld. Wir bitten dich: Segne dein Wort unter uns und in aller Welt, der du mit dem Vater in der Einheit des Heiligen Geistes lebst und regierst von Ewigkeit zu Ewigkeit. Amen.

## GEBET

**zur Reihe I:** Vom Sämann (Lk 8,4-15)
Herr, unser Gott, du gehst mit deinem Wort geradezu verschwenderisch um. Deine Saat wird auch dort ausgestreut, wo es nach menschlichem Ermessen hoffnungslos ist. Du vertraust dein Wort sogar uns an und willst durch uns bezeugt werden. Wir bitten dich: Sieh nicht auf unseren schwachen Glauben, auf unser Unvermögen, sondern gib du deinen Segen zu allem guten Wollen.

**zur Reihe II:** Ein zweischneidiges Schwert (Hebr 4,12-13)
Herr, unser Gott, dein Wort richtet unsere Herzen und Gedanken. Doch dein Richten ist kein Abrichten. Du willst uns vielmehr aufrichten und ausrichten auf den richtigen Weg. Hilf, daß wir dir nicht widerstreben, daß wir es annehmen, wo uns dein Wort trifft und zurechtweist.

**zur Reihe III:** Die selbstwachsende Saat (Mk 4,26-29)
Herr, unser Gott, die Ernte ist der Zielpunkt. Dein Wort sucht auch bei uns gute Frucht. Wir danken dir, daß du selbst für die Ernte sorgen wirst. Laß uns deine Helfer sein, daß wir den Acker bereiten und - so viel an uns liegt - dafür sorgen, daß der Same deines Wortes aufgeht.

## SEXAGESIMAE

**zur Reihe IV:** Die Kraft in den Schwachen (2 Kor 11,18ff)
Herr, unser Gott, du verachtest das Schwache nicht, sondern willst dich in ihm mächtig erweisen. So haben auch wir Hoffnung, daß du uns als deine Mitarbeiter nicht geringschätzt, sondern brauchen kannst. Wir bitten dich: Richte alle auf, die kleinmütig und verzagt sind; ermutige, die meinen, sie könnten nicht mithelfen am Bau deines Reiches. Erfülle uns neu mit der Zuversicht, daß du selbst der Baumeister bist und alles zum Ziel führst.

**zur Reihe V:** Es kommt nicht leer zurück (Jes 55,6-12)
Herr, unser Gott, wir trauen deinem Wort oft so wenig zu. Wir meinen, alles Mühen in deiner Gemeinde sei erfolglos. Du tröstest uns durch dein Wort und läßt uns wissen, daß dein Wort nicht leer zurückkommt. Wir bitten dich: Wehre der Resignation in deiner Kirche. Laß uns treu das tun, was du einem jeden von uns aufgetragen hast. Alles Weitere wollen wir dann in deine Hände legen.

**zur Reihe VI:** Bekehrung der Lydia (Apg 16,9-15)
Herr, unser Gott, du hast das Herz und das Haus der Lydia in Philippi aufgetan. Du kannst Wege eröffnen, wo wir nur Mauern sehen. Dein Wort will auch uns erreichen, daß wir uns aufschließen für andere, daß wir dein Wort und deine Liebe mit unserem Leben, unserem Reden und Schweigen, Tun und Unterlassen bezeugen. Gib uns deinen Segen dazu.

### FÜRBITTENGEBET

Herr, du läßt dein Wort verkündigen und bietest uns mit Brot und Wein das Unterpfand deiner Liebe an. Du stehst zu dem, was du uns in der Taufe zugesagt hast. Wir bitten dich: Laß nicht zu, daß die vielen Stimmen, die täglich auf uns einreden, dein Wort übertönen. Laß uns ein guter Acker deines Wortes sein. Laß uns Früchte deiner Liebe bringen. Dir befehlen wir uns an für diese neue Woche. Sei mit uns und mit allen unseren Lieben! Amen.

## ESTOMIHI

**Wochenspruch:** Seht, wir gehen hinauf nach Jerusalem, und es wird alles vollendet werden, was geschrieben ist durch die Propheten von dem Menschensohn.    Lk 18,31

## PSALM

Neige deine Ohren zu mir, hilf mir eilends!
Sei mir ein starker Fels und eine Burg, daß du mir helfest!

Herr, auf dich traue ich,
    laß mich nimmermehr zuschanden werden,
    errette mich durch deine Gerechtigkeit!
(Laß mich nicht fallen,
    dein Wohlwollen wende mir zu!)
Sei mir ein starker Fels
    und eine Burg, daß du mir helfest!
Denn du bist mein Fels und meine Burg,
    und um deines Namens willen wollest du mich leiten
    und führen.
In deine Hände befehle ich meinen Geist;
    du hast mich erlöst, Herr, du treuer Gott.
Du übergibst mich nicht in die Hände des Feindes;
    du stellst meine Füße auf weiten Raum.
(Mein Geschick wirst du wenden,
    mich herausführen aus meiner Bedrängnis.)

Neige deine Ohren zu mir, hilf mir eilends!
Sei mir ein starker Fels und eine Burg, daß du mir helfest!

                                                nach Ps 31

## ESTOMIHI

## KOLLEKTENGEBET

Jesus Christus, Herr und Bruder, durch dein Leiden und Sterben offenbarst du uns deine Liebe. Keine Tiefe ist dir fremd geblieben, dem Elend menschlichen Daseins hast du dich nicht entzogen. Wir danken dir, Herr, daß du uns so nahe gekommen bist, der du mit dem Vater in der Einheit des Heiligen Geistes lebst und regierst von Ewigkeit zu Ewigkeit. Amen.

## GEBET

**zur Reihe I:** Kreuzesnachfolge (Mk 8,31-38)
Gott, gütiger Vater, die Kreuzesnachfolge macht uns Angst, denn wir scheuen das Leid. Wir sind uns dessen nicht so sicher, ob wir dir tapfer folgen können, wenn du uns Leidvolles zugedacht hast. Wir werden schnell irre an deiner Liebe. Wir erkennen es nicht, inwiefern Leid uns zum Besten dienen soll. Wir bitten dich: Laß uns nicht fallen, wenn unser Glaube zu klein sein sollte.

**zur Reihe II:** Hohe Lied der Liebe (1 Kor 13,1-13)
Gott, gütiger Vater, wenn wir doch nur so lieben könnten, wie Paulus das beschreibt. Wir fürchten, er hat in seinem Hohenlied der Liebe zu hoch angestimmt. Nur du wirst solcher Liebe gerecht, die alles glaubt, alles erhofft, alles erträgt. Wir hoffen, daß deine Liebe dann auch uns erträgt mit allen unseren Halbherzigkeiten und unserem schwachen Glauben. Laß uns nicht aus deiner Liebe fallen, Herr.

**zur Reihe III:** Maria und Martha (Lk 1o,38-42)
Gott, gütiger Vater, sei unseres Fußes Leuchte und Licht. Hilf uns, daß wir uns von den Pflichten des Alltags nicht gefangennehmen lassen, daß wir uns die Zeit des Hinhörens auf dein Wort nehmen, daß wir bei aller Geschäftigkeit nicht aufhören, nach dir zu fragen. Laß uns aus dem Hören zum Gehorsam finden, damit Hören und Tun in Übereinstimmung kommen, daß Gottesdienst und Menschendienst sich ergänzen und gegenseitig beglaubigen.

# ESTOMIHI

**zur Reihe IV:** Es ströme Gerechtigkeit! (Am 5,21-24)
Gott, gütiger Vater, laß die Fastenzeit, die nun vor uns liegt, zu einer Zeit der Einkehr werden, daß wir uns kritisch fragen: "Bin ich's, der dich verriet?" Wer sind wir, daß wir sagen könnten, wir seien ohne Schuld, dein Leiden ginge uns nichts an? Wie oft bleiben wir die liebende Antwort auf deine Liebe schuldig. Wir sind zu träge und zu phantasielos, um uns deiner Liebe würdig zu erweisen, sie zu bezeugen durch unser Tun. Erbarme dich über uns.

**zur Reihe V:** Der Blind zu Jericho (Lk 18,31-43)
Gott, gütiger Vater, nimm von uns unsere Blindheit und unsere Glaubensschwäche. Laß uns erkennen, wo du uns begegnest. Hilf uns, daß wir unser Leben mit neuen Augen schauen. Laß uns erkennen, wie du uns gedacht hast: mit dir in Liebe und Vertrauen verbunden.

**zur Reihe VI:** Das wahre Fasten (Jes 58,1-9)
Gott, gütiger Vater, du willst kein äußerliches Fasten, das nicht aus der Veränderung unseres Inneren kommt. Du willst uns befreien von allem, von dem wir nicht lassen können. Wir bitten dich um diese innere Freiheit. Laß uns frei werden für das, was du von uns erwartest: unsere geschwisterliche Liebe zum nahen und fernen Nächsten.

## FÜRBITTENGEBET

Jesus Christus, Sohn Gottes, du bist den Weg des Leidens gegangen und hast dich durch Leid nicht von dem Vater trennen lassen. Wir bitten dich für alle, die durch Kummer und Leid an Gott zweifeln, die in die Entzweiung getrieben werden, weil sie ihr Bild vom "lieben Gott" und ihr eigenes Ergehen nicht in Übereinstimmung bringen können. Wir bitten dich: Laß sie nicht versinken in ihrer Bedrängnis. Höre aus ihrer Frage "Warum und warum gerade ich?" heraus, daß sie nach dir fragen, Herr. Gib du ihnen Menschen an die Seite, die sie nicht mit frommen Worten abspeisen, sondern wirklich mitleiden. Dich, Herr, dürfen wir anrufen in der Not. Höre das Rufen derer, die zu dir beten: "Herr, erbarme dich!" Amen.

# INVOKAVIT

**Wochenspruch:** Dazu ist erschienen der Sohn Gottes, daß er die Werke des Teufels zerstöre.　　　　1 Joh 3,8

## PSALM

Er ruft mich an, darum will ich ihn erhören;
ich bin bei ihm in der Not,
ich will ihn herausreißen und zu Ehren bringen.

Wer unter dem Schirm des Höchsten sitzt
    und unter dem Schatten des Allmächtigen bleibt,
der spricht zu dem Herrn:
    Meine Zuversicht und meine Burg, mein Gott, auf den ich hoffe.
(Dem Beter will er beistehen in der Not,
    ihn aufrichten und stärken.
Denn er weiß Mittel und Wege,
    wo wir nur am Ende sind mit unserer Kraft.)
Er wird dich mit seinen Fittichen decken,
    und Zuflucht wirst du haben unter seinen Flügeln.
    Seine Wahrheit ist Schirm und Schild.
Denn er hat seinen Engeln befohlen,
    daß sie dich behüten auf allen deinen Wegen,
daß sie dich auf den Händen tragen
    und du deinen Fuß nicht an einen Stein stoßest.
(Er läßt dich nicht fallen;
    der Herr gibt dich nicht auf.)

Er ruft mich an, darum will ich ihn erhören;
ich bin bei ihm in der Not,
ich will ihn herausreißen und zu Ehren bringen.

*nach Ps 91*

INVOKAVIT

## KOLLEKTENGEBET

Jesus Christus, Herr und Bruder, du hast dich nicht von Gott trennen lassen allen Versuchungen zum Trotz. Wir bitten dich: Mach auch uns stark im Glauben und in der Liebe, daß wir nicht abirren von dir, der du mit dem Vater in der Einheit des Heiligen Geistes lebst und regierst von Ewigkeit zu Ewigkeit. Amen.

## GEBET

**zur Reihe I:** Versuchung Jesu (Mt 4,1-11)
Himmlischer Vater, dein Sohn setzte sein Vertrauen nicht auf Brot, nicht auf Mirakel und auch nicht auf Macht. Wir bitten dich: Hilf uns, daß der Diabolos, der Durcheinanderbringer, bei uns keine Chance hat, daß wir an dir festhalten im Leben und im Sterben, in Freud wie in Leid. Halte uns fest an deiner Hand.

**zur Reihe II:** Der Hohepriester Jesu (Hebr 4,14-16)
Himmlischer Vater, dies schaffen wir nicht, wie dein Sohn ohne Sünde zu sein. Immer wieder leben und handeln wir, als ob es dich nicht gäbe. Wir bitten dich: Bewahre uns vor der Müdigkeit im Glauben, vor dem Nachlassen der Liebe, vor dem Erlahmen der Hoffnung. Stärke unseren Glauben, daß wir dem Bösen widerstehen und uns zu dir halten.

**zur Reihe III:** Sündenfall (Gen 3,1-24)
Himmlischer Vater, mit dem Zweifel an deinem Wort fängt es meistens an und damit, daß wir deiner Güte mißtrauen. Wir kommen mit der Freiheit, die du uns gegeben hast, nicht zurecht und entscheiden uns oft gegen deinen Willen. Wir sind selbstherrlich und tun uns schwer, dich als unseren Herrn anzuerkennen. Wir bitten dich: Laß uns nicht aus deiner Liebe fallen.

## INVOKAVIT

**zur Reihe IV:** Die Zeit der Gnade (2 Kor 6,1-1o)
Himmlischer Vater, wir bitten dich um den Glauben, der an dir festhält, auch wenn alles gegen dich spricht. Wir bitten dich gerade dann um Hoffnung, wenn uns alles hoffnungslos erscheint. Wir bitten dich um Liebe zu dir, wenn uns deine Liebe verdunkelt erscheint. Laß uns nicht aus deiner Gnade fallen.

**zur Reihe V:** Petrus führt das große Wort (Lk 22,31-34)
Himmlischer Vater, deine Jünger waren keine Übermenschen. Sie versagten wie wir alle. Auch wir nehmen den Mund manchmal zu voll, und unser Glaube erweist sich als klein und zerbrechlich. Wir bitten dich: Sei uns gnädig. Du hast dem Versager Petrus deine Liebe nicht versagt und hast ihn erneut in deinen Dienst gestellt. Herr, erbarme dich auch über uns.

**zur Reihe VI:** Gott versucht niemanden (Jak 1,12-18)
Himmlischer Vater, du führst uns nicht in Versuchung. Du hältst vielmehr deine Arme ausgebreitet, damit wir wissen, wohin wir stets zurück können, wenn wir uns von dir getrennt haben. Wir bitten dich: Laß nicht zu, daß der Versucher Macht über uns gewinnt, daß er uns an dir zweifeln macht. Erlöse uns von dem Bösen, Herr.

## FÜRBITTENGEBET

Herr Jesus Christus, du bist den Weg des Leidens gegangen. Du hast Angst und Schmerzen, Ungerechtigkeit und Verachtung, Einsamkeit und Tod im Glauben durchgehalten bis an Ende. Du hast hindurchgeblickt durch das Dunkel und hast daran festgehalten, daß hinter den Wolken dennoch die Sonne scheint, daß hinter allem Leidvollen dennoch die Güte Gottes steht. Wir bitten dich um diesen unerschütterlichen Glauben. Wir bitten dich für alle, die an deiner Liebe irre werden, denen der Kummer ihr Herz zerreißt: Laß sie nicht im Strudel der Fragen und im Meer der Empörung versinken. Hilf ihnen, daß sie hinter dem Kreuz, das ihnen auferlegt ist, das Osterlicht erkennen. Amen.

## REMINISZERE

**Wochenspruch:** Gott erweist seine Liebe zu uns darin, daß Christus für uns gestorben ist, als wir noch Sünder waren.
Röm 5,8

## PSALM

Gedenke, Herr, an deine Barmherzigkeit und an deine Güte, die von Ewigkeit her gewesen sind.

Der Gottlose meint in seinem Stolz, Gott frage nicht danach.
    "Es ist kein Gott" sind alle seine Gedanken.
(Sie lästern und erklären Gott für gestorben,
    Gott ist für sie ein Märchen von einst.)
Steh auf, Herr! Gott, erhebe deine Hand!
    Vergiß die Elenden nicht!
Warum soll der Gottlose Gott lästern
    und in seinem Herzen sprechen:
    "Du fragst doch nicht danach?"
(Die Gottlosen lästern und sprechen:
    "Nur die Glücklichen glauben an Gott!"
Doch du, Gott, hörst gerade das Rufen der Verzweifelten,
    du tröstest jene, die nicht mehr weiter wissen.)
Das Verlangen der Elenden hörst du, Herr;
    Du machst ihr Herz gewiß, dein Ohr merkt darauf,
daß du Recht schaffest den Waisen und Armen,
    daß der Mensch nicht mehr trotze auf Erden.

Gedenke, Herr, an deine Barmherzigkeit und an deine Güte, die von Ewigkeit her gewesen sind.

nach Ps 25,6/Ps 1o

# REMINISZERE

## KOLLEKTENGEBET

Jesus Christus, Herr und Bruder, du kamst in die Welt, um Gottes Barmherzigkeit offenbar zu machen. Doch mit Unbarmherzigkeit wurdest du verfolgt. Du hast nichts anderes getan als zu lieben. Doch Lieblosigkeit war die Antwort. Du hast ewiges Leben verheißen. Doch quallvoller Tod war der Dank dafür. Wir bitten dich: Hilf uns, daß wir dich annehmen als unsern Herrn und Heiland, der du mit dem Vater in der Einheit des Heiligen Geistes lebst und regierst von Ewigkeit zu Ewigkeit. Amen.

## GEBET

**zur Reihe I:** Die bösen Weingärtner (Mk 12,1-12)
Allmächtiger Gott, deine Langmut ist bewundernswert; dein Verzeihen scheint ohne Ende zu sein; deine Hoffnung mit uns Menschen ist unerschütterlich. Wir bitten dich: Sei uns gnädig und verwirf uns nicht. Auch wir versagen dir die Früchte des Glaubens, die du von uns erwarten könntest. Auch wir sind unnütze Knechte und setzen deine Liebe immer wieder aufs Spiel. Bleib uns gnädig zugewandt, Herr.

**zur Reihe II:** Gerecht durch den Glauben (Rö 5,1-11)
Allmächtiger Gott, daß wir dir recht sind, das gründet nicht in unserer Leistung oder Frömmigkeit. Daß du uns nicht verwirfst, das ist einzig deiner Liebe zu danken. Bitte, gieße solche Liebe auch in unsere Herzen und mach uns stark im Glauben, daß er Zeiten der Bedrängnis übersteht. Laß unsere Hoffnung auf dich nicht zuschanden werden.

**zur Reihe III:** Das Zeichen des Jona (Mt 12,38-42)
Allmächtiger Gott, du gibts uns keine Zeichen und machst keine Wunder, die uns das Glauben abnehmen würden. Immer offenbarst du dich so, daß der Zweifel möglich bleibt. Glaube soll Glaube bleiben. Abgetrotzter Glaube, erzwungene Liebe wären wertlos. Wir bitten dich: Stärke unseren Glauben und gib unserer Liebe neue Nahrung.

# REMINISZERE

**zur Reihe IV:** Das Weinberglied (Jes 5,1-7)
Allmächtiger Gott, vor dir können wir nicht bestehen. Auch wir sind wie ein Weinberg, der gute Früchte verweigert. Aber im Blick auf deinen Sohn dürfen wir dennoch den Kopf erheben und zu dir aufblicken, denn du schaust uns in Christus gütig an. Du besiegst deinen Zorn durch deine Liebe. Wir beten dich an.

**zur Reihe V:** Der erhöhte Menschensohn (Jo 8,21-3o)
Allmächtiger Gott, was in unseren Augen nach Erniedrigung aussieht, das ist bei dir Erhöhung. Was wir für Scheitern und Tod betrachten, das wandelst du in neues Leben und in Sieg über den Tod. Du durchkreuzt unsere Vorstellungen. Was uns rätselhaft ist, das wirst du dereinst beantworten. Wir bitten dich: Schenke uns Vertrauen zu dir, daß wir mehr erwarten als was vor Augen liegt, daß unsere Hoffnung über das Grab hinausgeht.

**zur Reihe VI:** Abrahams Glaubensgehorsam (Hebr 11,8-1o)
Allmächtiger Gott, Abraham verließ alle Sicherheiten und überließ sich ganz und gar deinem Geleit. Er ist der Vater des Glaubens. Doch dein Sohn Jesus Christus ist der Vollender des Glaubens. Er zeigt uns, wann der Glaube zu seiner Fülle kommt: Wenn wir uns dir nicht nur im Leben, sondern auch im Sterben ausliefern und alles von dir erwarten. Um solchen Glauben bitten wir dich, Herr.

## FÜRBITTENGEBET

Jesus Christus, Sohn des Vaters, du hast uns durch die Taufe in ein neues Leben gerufen. Wir bitten dich für unsere Patenkinder, für Kinder und Enkelkinder, für die Kinder des Kindergottesdienstes und unsere Konfirmanden, laß sie etwas erfahren von deiner Güte, laß sie spüren, daß du ihnen Halt sein kannst im Leben. Nimm uns die Furcht vor der Zukunft, die Angst vor den Bedrohungen des Lebens, die Sorge, wie es mit dieser Welt weitergehen wird. Laß uns in dir geborgen sein. Laß uns aus dieser Geborgenheit heraus das Richtige und Hilfreiche tun. Amen.

# OKULI

**Wochenspruch:** Wer seine Hand an den Pflug legt und sieht zurück, der ist nicht geschickt für das Reich Gottes.

Lk 9,62

## PSALM

Meine Augen sehen stets auf den Herrn;
denn er wird meinen Fuß aus dem Netze ziehen.

Die Augen des Herrn merken auf die Gerechten
    und seine Ohren auf ihr Schreien.
(Gott hört nicht weg,
    wenn die Seinen nach ihm rufen.
Nahe ist er denen, die sich in Kummer verzehren.
    Auf die Beine stellt er, die niedergeschlagen sind.)
Wenn die Gerechten schreien, so hört der Herr
    und errettet sie aus all ihrer Not.
Der Herr ist nahe denen, die zerbrochenen Herzens sind,
    und hilft denen, die ein zerschlagenes Gemüt haben.
Der Gerechte muß viel erleiden,
    aber aus alledem hilft ihm der Herr.
(Der Herr befreit von Lasten und hilft tragen
    und Schuld wird er vergeben.)

Meine Augen sehen stets auf den Herrn;
denn er wird meinen Fuß aus dem Netze ziehen.

nach Ps 25,15/Ps 34

# OKULI

## KOLLEKTENGEBET

Jesus Christus, Herr und Bruder, du willst nicht, daß wir zurückschauen, sondern vorwärtsschauen auf dich. Du hast uns zugesagt, daß du unsere Vergangenheit bereinigst, uns unsere Sünde vergibst. Laß uns zuversichtlich in die neue Woche gehen. Mach uns deiner Barmherzigkeit gewiß, der du mit dem Vater in der Einheit des Heiligen Geistes lebst und regierst von Ewigkeit zu Ewigkeit. Amen.

## GEBET

**zur Reihe I:** Ruf in die Nachfolge (Lk 9,57-62)
Vater Jesu Christi, wir dürfen auf dich schauen, der du uns stets voraus bist. Was hinter uns liegt, dürfen wir deiner Vergebung anheimstellen. Das macht uns frei und läßt uns voranschreiten in eine Zukunft, die bei dir ihr Ziel finden wird. Wir bitten dich: Laß uns dein Reich nicht aus den Augen verlieren. Hilf uns, daß wir deine Liebe mit unserer Liebe beantworten.

**zur Reihe II:** Kinder des Lichts (Eph 5,1-8)
Vater Jesu Christi, du bietest uns deine Liebe, deine Langmut und Vergebung in Jesus an. Wir wären töricht, wollten wir deine ausgestreckte Hand nicht ergreifen. Wer außer dir könnte uns Halt bieten im Leben und im Sterben? Wir möchten uns zu dir halten und von dir gehalten sein. Hilf uns, daß wir deinem Namen Ehre machen, daß man uns abspürt: In dir haben wir unseren Halt gefunden.

**zur Reihe III:** Scherflein der Witwe (Mk 12,41-44)
Vater Jesu Christi, wir haben mehr als wir brauchen. Wir haben viel Grund, dir zu danken. Unsere Opfer tun uns in der Regel nicht weh. Jene Witwe aber gab alles, was sie hatte. Ihr Vertrauen war ohne Rückversicherung. Wir bitten dich: Laß unser Vertrauen zu dir wachsen. Laß unsere Herzen an Weite gewinnen. Unsere Großzügigkeit im Spenden oder unser Einsatz in der Gemeinde mache uns froh.

## OKULI

**zur Reihe IV:** Seid heilig! (1 Petr 1,13-21)
Vater Jesu Christi, nicht mit irdischen Gütern hast du uns losgekauft von unserer Sünde. Dein Herzblut hast du gegeben. Die ausgestreckten Arme Jesu am Kreuz sagen es uns, wie umfassend deine Liebe ist. Wir bitten dich: Laß uns nicht vergessen, daß du uns mit deiner Liebe nachgehst, daß du die Hoffnung mit uns noch nicht aufgegeben hast. Deine Liebe wandle uns.

**zur Reihe V:** Der Prophet klagt (Jer 2o,7-13)
Vater Jesu Christi, wir danken dir, daß du die Stimme des Anklägers zum Schweigen bringst, daß wir uns nicht immerzu mit unserem schlechten Gewissen herumplagen müssen. Du sagst ja zu uns, obgleich wie ein Nein verdienten. Herr, laß uns aus deiner Vergebung leben, daß sie uns frei mache.

**zur Reihe VI:** Steh auf und iß! (1 Kön 19,1-13)
Vater Jesu Christi, es gibt viele Menschen, die an diesem Tag sagen: "Ich mag nicht mehr; ich bin am Ende meiner Kraft; ich bin das Leben satt." Wir bitten dich: Laß sie nicht versinken in ihrer Not. Gib ihnen Engel mit menschlichen Gesichtern, die sie stärken, ihren Weg weiterzugehen. Gib uns offene Ohren für die oft leisen Hilferufe. Laß uns merken, wo jemand ein ermunterndes Wort braucht. Hilf uns erkenne, wo jemand an sich selbst oder an anderen zu zerbrechen droht und laß uns dann deine dienstbaren Geister, deine Engel, sein.

### FÜRBITTENGEBET

Herr, dir befehlen wir uns für diese neue Woche an. Laß uns in deiner Barmherzigkeit geborgen sein. Wir bitten dich für die Menschen, von deren Not und Leid wir wissen, die unter Schmerzen des Leibes leiden und deren Seele nach Lebensmut dürstet: Laß sie dein Erbarmen finden. Wir bitten dich für alle, die sie pflegen: Gib ihnen Weisheit und Geduld, Liebe und Verständnis. Hilf, daß sie nicht nur die Krankheit sehen, sondern auch den Kranken. Amen.

## LAETARE

**Wochenspruch:** Wenn das Weizenkorn nicht in die Erde fällt und erstirbt, bleibt es allein; wenn es aber erstirbt, bringt es viel Frucht.  Joh 12,24

### PSALM

Rühmet seinen heiligen Namen;
es freue sich das Herz derer, die den Herrn suchen!

Wohl den Menschen, die dich für ihre Stärke halten
    und von Herzen dir nachwandeln!
(Glücklich sind zu nennen,
    die nicht auf eigene Kraft bauen,
sondern nach Gott fragen
    und seiner Führung vertrauen.)
Wenn sie durchs dürre Tal ziehen, wird es ihnen zum Quellgrund,
    und Frühregen hüllt es in Segen.
Sie gehen von einer Kraft zur andern;
    und schauen den wahren Gott in Zion.
(Ihr Herz sucht allezeit die Gegenwart Gottes,
    Lebensmut wächst ihnen zu von ihrem Gott.)
Herr, Gott Zebaoth, höre mein Gebet;
    vernimm es, Gott Jakobs!
Denn ein Tag in deinen Vorhöfen
    ist besser als sonst tausend.
Denn Gott der Herr ist Sonne und Schild;
der Herr gibt Gnade und Ehre.
    Er wird kein Gutes mangeln lassen den Frommen.
Herr Zebaoth, wohl dem Menschen,
    der sich auf dich verläßt!

Rühmet seinen heiligen Namen;
es freue sich das Herz derer, die den Herrn suchen!

nach Ps 1o5,3/Ps 84

# LAETARE

## KOLLEKTENGEBET

Jesus Christus, Herr und Bruder, du bist das Weizenkorn, das sich beerdigen ließ, um neues Leben hervorzubringen. Du bist in den Tod gegangen, um ihn zum Durchgang zu machen. Wir bitten dich: Mach uns gewiß, daß die Nachfolge nicht in Leid und Tod endet, sondern daß der Weg über Golgatha in den Ostermorgen führt, der du mit dem Vater in der Einheit des Heiligen Geistes lebst und regierst von Ewigkeit zu Ewigkeit. Amen.

## GEBET

**zur Reihe I:** Das Weizenkorn (Jo 12,2o-26)
Gott, unser Vater, wir wissen: Wer das Leben will, der muß die Geburt wollen; wer die Auferstehung will, der muß zuvor den Tod schmecken. Doch bis diese Erkenntnis vom Kopf in das Herz gelangt und wirklich bejaht wird, ist ein weiter Weg. Wir bitten dich, Herr, hilf uns, daß wir über den Tod hinausschauen, gib uns die Hoffnung, die am Grabe nicht Halt macht, sondern sich ausstreckt nach dir.

**zur Reihe II:** Der Gott allen Trostes (2 Kor 1,3-7)
Gott, unser Vater, dein Sohn hat Angst und Schmerzen, Ungerechtigkeit und Verachtung, Einsamkeit und Tod bitter erlitten. Und doch hielt er fast an dir, daß du es zu einem guten Ende führst. Wir bitten dich um solchen Glauben, daß wir an dir festhalten, wenn alles trostlos und hoffnungslos erscheint, wenn wir am Ende sind mit unserer Weisheit. Laß uns auf deinen Sohn blicken und festhalten an der Nachfolge, die durch den Tod hindurch führt zu dir.

**zur Reihe III:** Ich bin das Brot (Jo 6,55-65)
Gott, unser Vater, noch heute essen wir von jenem Brot, das nie zu Ende geht. Noch heute zehren wir von deiner Liebe und Geduld. Dein Sohn ist das Brot des Lebens. Wo wir ihn in uns aufnehmen, da wird er uns verwandeln, so daß wir selbst Brot für andere werden, daß wir das Brot vermehren, indem wir es miteinander teilen.

# LAETARE

**zur Reihe IV:** Sterben ist mir Gewinn (Phil 1,15-21)
Gott, unser Vater, Paulus schrieb aus dem Gefängnis nicht als Lebensmüder, sondern in der Gewißheit, daß er - wie immer sein Leben weiter verlaufen würde - in deiner Hand geborgen ist. Herr, wenn es einmal so weit ist mit uns, dann hilf uns, daß wir unser Leben in deine Hände legen können, daß es uns nicht mühsam und qualvoll abgerungen werden muß, sondern wir uns dir übergeben und in dir Frieden finden.

**zur Reihe V:** Ich bin das Brot des Lebens (Jo 6,47-51)
Gott, unser Vater, an Jesus können wir ablesen, wie wir mit dem Brot umgehen sollen: Es dankbar empfangen, es austeilen an alle, die Hunger haben, und mit dem Brot sich selber geben mit Herzblut und Herzenswärme. Jesus gab nicht nur Brot, sondern er war das Brot. Er gab sich selbst hin. Herr, sättige uns mit diesem Brot und hilf uns, anderen zum Brot, dem Mittel zum Leben, zu werden.

**zur Reihe VI:** Der Bund des Friedens (Jes 54,7-1o)
Gott, unser Vater, wir danken dir, daß deine Gnade unerschütterlicher ist als die Berge; daß dein Friedensbund mit uns nicht wanken wird; daß du unsere Untreue mit deiner Treue beantwortest. Herr, du machst deine Liebe nicht von unserer Gegenliebe abhängig, denn dann müßte uns bange sein. Der Grund deiner Liebe ist deine Liebe allein. Wir danken dir und beten dich an.

## FÜRBITTENGEBET

Herr, allmächtiger Gott, du gewährst uns, was wir zum Leben brauchen. Du segnest uns reichlich. Wir bitten dich: Mach unser Herz weit, daß unsere Hände zum Teilen bereit werden. Laß uns in den Gaben, die du uns gibst, auch die Aufgaben erkennen. Sei mit uns in dieser neue Woche. Höre du das Rufen derer, die verzweifelt sind, die keinen Sinn in ihrem Leben sehen, die unter Schmerzen leiden und Angst haben. Sei mit allen, die Unrecht leiden, die gedemütigt und gequält werden. Stehe allen bei, die den Tod vor Augen haben. Amen.

## JUDIKA

**Wochenspruch:** Der Menschensohn ist nicht gekommen, daß er sich dienen lasse, sondern daß er diene und gebe sein Leben zu einer Erlösung für viele.  Mt 2o,28

### PSALM

Gott, schaffe mir Recht und führe meine Sache wider das unheilige Volk und errette mich von den falschen und bösen Leuten!

Denn du bist der Gott meiner Stärke:
    Warum hast du mich verstoßen?
Warum muß ich so traurig gehen,
    wenn mein Feind mich dränget?
Sende dein Licht und deine Wahrheit, daß sie mich leiten
    und bringen zu deinem heiligen Berge und zu deiner Wohnung,
daß ich hineingehe zum Altar Gottes,
    zu dem Gott, der meine Freude und Wonne ist,
(Herr, führe mich durch deinen Geist,
    laß mich deine Gegenwart spüren.)
Was betrübst du dich, meine Seele,
    und bist so unruhig in mir?
Harre auf Gott; denn ich werde ihm noch danken,
    daß er meines Angesichts Hilfe und mein Gott ist.
(Er wird sich nicht abwenden von mir;
    in Gott will ich mich bergen.)

Gott, schaffe mir Recht und führe meine Sache wider das unheilige Volk und errette mich von den falschen und bösen Leuten!

nach Ps 43

# JUDIKA

## KOLLEKTENGEBET

Jesus Christus, Herr und Bruder, unser Gewissen klagt uns an, weil wir unseren Schöpfer immer wieder enttäuschen. Wir bitten dich: Tritt du für uns ein; tröste uns durch dein stellvertretendes Leiden am Kreuz und laß uns deiner Barmherzigkeit gewiß bleiben, der du mit dem Vater in der Einheit des Heiligen Geistes lebst und regierst von Ewigkeit zu Ewigkeit. Amen.

## GEBET

**zur Reihe I:** Die Söhne des Zebedäus (Mk 1o,35-45)
Herr, unser Gott, wie deine Jünger, so streben auch wir nach den besten Plätzen. Auch wir möchten begünstigt sein und zu Ehren kommen. Dein Sohn ist den unteren Weg des Dienens gegangen. Was uns schwach und negativ erscheint, das hat er durchkreuzt, von oben her zu einem Pluszeichen gemacht. Jesus hat das Dienen geadelt. Die Liebe hat er zur Krone des Menschseins erklärt. Wir bitten dich: Erfülle uns mit deinem Geist, daß wir ihm nachfolgen.

**zur Reihe II:** Der Urheber ewigen Heils (Hebr 5,7-9)
Herr, unser Gott, dein Sohn hat sich durch Leid nicht trennen lassen von dir. Den Tiefpunkten des Lebens hat er nicht erlaubt, daß sie ihn mit dir entzweiten. Wir bitten dich: Halte uns fest an deiner Hand, wenn alles um uns zu wanken scheint; stärke uns, wenn wir schwach werden; richte uns auf, wenn wir am Boden zerstört sind. Sei du uns allezeit Halt und Hoffnung.

**zur Reihe III:** Isaaks Opferung (Gen 22,1-13)
Herr, unser Gott, du willst unser ungeteiltes Vertrauen. Du mutest uns zu, daß wir loslassen lernen, woran wir unser Herz hängen. Wie Abraham müssen wir lernen, das Liebste herzugeben, damit du uns danach um so reicher beschenken kannst. Hilf uns beim Loslassen, damit wir uns dir ganz überlassen.

## JUDIKA

**zur Reihe IV:** Die eherne Schlange (Lev 21,4-9)
Herr, unser Gott, auch unser Leben kann wie eine Wüste sein, so daß wir mit dir hadern und fragen: Womit haben wir das verdient? Gut, daß wir nicht bekommen, was wir verdienen, sondern daß du uns deine unverdiente Liebe schenkst. Wir bitten dich: Laß uns zum Kreuz aufblicken und darin unser Heil finden.

**zur Reihe V:** Er sei des Todes! (Jo 11,47-53)
Herr, unser Gott, wer Macht hat, der will sie nicht mit anderen teilen. Seltsam, daß die Machthaber damals die Ohnmacht deines Sohnes für so bedrohlich hielten. Sie ahnten wohl, daß alle Macht vergeht, daß Ohnmacht bei dir nicht ohne Macht ist; daß sie sich stärker als der Tod erweisen könnte. Wie gut, daß du aus Bösem Gutes, aus Tod Leben, aus Schwachheit Stärke machen kannst. Laß uns dir vertrauen, Herr.

**zur Reihe VI:** Hier keine bleibende Stadt (Hebr 13,12-14)
Herr, unser Gott, unser Leben ist eine einzige Wanderschaft, von der Heimat zur Heimat, aus deiner Hand kommend und zu dir zurückkehrend. Hier haben wir keine bleibende Stadt. Wir bitten dich: Mach uns frei von allem, was uns an die Vergangenheit oder Gegenwart ketten will, damit wir dir frei entgegengehen können. Laß uns Bürger deines Reiches werden.

### FÜRBITTENGEBET

Herr, himmlischer Vater, manchmal erscheint es uns, als habest du dich von uns abgewendet und uns unserer Bosheit ausgeliefert. Die Zeitungen sind voll von erschreckenden Nachrichten. Dein Sohn hat uns gelehrt, wie menschliches Leben aussehen könnte. Doch wir verlieren ihn mit seiner grenzenlosen Liebe immer wieder aus den Augen. Wir werden zu Sklaven unseres eigenen Ichs. Wir bitten dich: Mach uns frei von unserer Selbstbezogenheit, öffne unser Herzen für unsere Nächsten. Laß uns gute Worte für andere Menschen finden. Amen.

## PALMSONNTAG

**Wochenspruch:** Der Menschensohn muß erhöht werden, damit alle, die an ihn glauben, das ewige Leben haben.

Joh 3,14b.15

### PSALM

Gott, hilf mir! Denn das Wasser geht mir bis an die Kehle.

Ich versinke in tiefem Schlamm,
    wo kein Grund ist;
ich bin in tiefe Wasser geraten,
    und die Flut will mich ersäufen.
Ich habe mich müde geschrien,
    mein Hals ist heiser.
Meine Augen sind trübe geworden,
    weil ich so lange harren muß auf meinen Gott.
Die Schmach bricht mir mein Herz
    und macht mich krank.
Ich warte, ob jemand Mitleid habe, aber da ist niemand,
    und auf Tröster, aber ich finde keine.
(Der Boden wankt unter mir,
    ich stürze ins Bodenlose.
Niemand steht mir zur Seite,
    doch viele bereiten mir Qual.)
Ich aber bin elend und voller Schmerzen.
    Gott, deine Hilfe schütze mich!

Gott, hilf mir! Denn das Wasser geht mir bis an die Kehle.

nach Ps 69

# PALMSONNTAG

## KOLLEKTENGEBET

Jesus Christus, Herr und Bruder, du bist in Jerusalem auf einem Esel eingeritten. Zu uns kommst du in deinem Wort und im Abendmahl. In menschlichen Worten und irdischen Elementen kommst du zu uns. Segne du Wort und Sakrament, daß wir dich darin erkennen und in dir unser Heil finden, der du mit dem Vater in der Einheit des Heiligen Geistes lebst und regierst von Ewigkeit zu Ewigkeit. Amen.

## GEBET

**zur Reihe I:** Einzug in Jerusalem (Jo 12,12-19)
Gott, gütiger Vater, wie leicht kann aus dem "Hosianna" das "Kreuziget ihn!" werden. Wie schnell kommt unser Glaube ins Wanken und werden Zweifel mächtig. Wir bitten dich, Herr: Mach uns im Glauben stark. Laß auch dann unseren Glauben standhalten, wenn uns Leidvolles widerfährt, wenn Schmerzliches uns den Blick auf dich, den liebenden Vater, verstellen.

**zur Reihe II:** Das Christuslied (Phil 2,5-11)
Gott, gütiger Vater, deine Menschwerdung bleibt uns ein Geheimnis. Es ist so schwer zu begreifen, daß du deine Macht nicht ausspielst, daß du nach wie vor auf liebende Nachfolge setzt und uns nicht überwältigst. Hilf uns, deine Größe in deinem Kleinwerden erkennen, daß wir deine Herrlichkeit in deiner Entäußerung wahrnehmen.

**zur Reihe III:** Salbung in Bethanien (Mk 14,3-9)
Gott, gütiger Vater, Liebesdienst und Gottesdienst, Diakonie und Liturgie werden manchmal gegeneinander ausgespielt. Du aber rechnest nicht und läßt dir Verschwendung gefallen, wenn sich darin die Liebe zu dir artikuliert. Wir bitten dich: Hilf uns, daß wir das eine tun und das andere nicht lassen, daß wir dich im Gottesdienst loben und preisen, und unsere Liebe zu dir in der Liebe zu unseren Mitmenschen unter Beweis stellen.

# PALMSONNTAG

**zur Reihe IV:** Der Gottesknecht (Jes 5o,4-9)
Gott, gütiger Vater, wenn wir dich an unserer Seite wissen, dann können wir über den Tod hinausschauen. Doch Leid bleibt auch dann Leid. Schmerz bleibt Schmerz. Das Kreuz hört nicht auf, Kreuz zu sein. Und doch nehmen wir den Tod nicht mehr so ernst, wenn wir auf dein Kreuz schauen. Es weist uns über das Grab hinaus. Herr, erhalte uns diesen Glauben, diese Liebe zu dir und diese Hoffnung.

**zur Reihe V:** Das hohepriesterliche Gebet (Jo 17,1-8)
Gott, gütiger Vater, du hast uns deine Treue zugesagt - trotz unserer Untreue. Du hast uns Jesus zum Bruder gemacht - trotz unserer Unbrüderlichkeit. Du hast uns eine Zukunft geschenkt - trotz unserem Festhalten am Gestrigen. In Jesus hast du uns gezeigt, daß du der Herr bist: gestern und heute und in Ewigkeit.

**zur Reihe VI:** Vollender des Glaubens (Hebr 12,1-3)
Gott, gütiger Vater, daß wir dich in Jesus, deinem Gesandten, erkennen, daß wir hinter dem Menschen Jesus, deinen Christus und Gesalbten wahrnehmen, darum geht es. Hilf uns, Herr, daß wir deinem Sohn nachfolgen, daß wir dich von Herzen lieben und dies unseren Nächsten spüren lassen.

## FÜRBITTENGEBET

Herr, unser Gott, du hast deinen Sohn gesandt, daß er uns die Lasten, die uns drücken, abnehme und uns durch seine Vergebung frei mache. Wir bitten dich: Mach uns zu Lastenträgern, daß wir deinem Sohn nachfolgen. Wir bitten dich für die Einsamen, Verlassenen und Verzagten: Laß sie deine Güte erfahren durch unsere Güte. Hilf, daß wir uns für sie Zeit nehmen und gut zu ihnen sind. Wir bitten dich für jene, denen Menschen nicht mehr helfen können, wo ärztliche Kunst auf Grenzen stößt, wo Beziehungen abgestorben sind, wo Liebe in Haß umgeschlagen ist. Herr, du weißt Rat, wo wir ratlos sind. Du kennst Wege, wo wir nur Mauern sehen. Wir bitten dich um dein Erbarmen. Amen.

## GRÜNDONNERSTAG

**Spruch des Tages:** Er hat ein Gedächtnis gestiftet seiner Wunder, der gnädige und barmherzige Herr.   Ps 111,4

### PSALM

Er hat ein Gedächtnis gestiftet seiner Wunder,
der gnädige und barmherzige Gott.

Ich danke dem Herrn von ganzem Herzen
    im Rat der Frommen und in der Gemeinde.
(Ich will Dank sagen meinem Gott,
    mich öffentlich zu ihm bekennen.)
Was er tut, das ist herrlich und prächtig,
    und seine Gerechtigkeit bleibt ewiglich.
Er gibt Speise denen, die ihn fürchten;
    er gedenkt an seinen Bund.
(Ja, Brot und Wein verbürgen es uns:
    Fest steht Gott zu seinem Versprechen.)
Er sendet eine Erlösung seinem Volk;
    er verheißt, daß sein Bund ewig bleiben soll.
(Testamentarisch erklärt er den Erben:
    Am Kreuz ist das Heil erwirkt.)

Er hat ein Gedächtnis gestiftet seiner Wunder,
der gnädige und barmherzige Gott.

                                                    nach Ps 111

# GRÜNDONNERSTAG

## KOLLEKTENGEBET

Jesus Christus, Herr und Bruder, mit allen Sinnen dürfen wir es aufnehmen, wie sehr du uns lieb hast. Wir hören dein Wort. Wir schmecken und sehen, wie freundlich du bist. Laß uns dein Gedächtnismahl in Ehrfurcht und Dankbarkeit, aber auch in der Freude der Auferstehung feiern, der du mit dem Vater in der Einheit des Heiligen Geistes lebst und regierst von Ewigkeit zu Ewigkeit. Amen.

## GEBET

**zur Reihe I:** Fußwaschung (Jo 13,1-35)
Himmlischer Vater, dein Sohn hat seinen Jüngern die Füße gewaschen. Er war sich nicht zu gut, um menschlichen Dreck zu beseitigen. Damit hat er ein Zeichen gesetzt und gezeigt, in welche Richtung die Nachfolge führt. Wir bitten dich: Hilf uns, daß wir einander lieben, wie er uns geliebt hat; daß wir uns gegenseitig annehmen, wie er uns angenommen hat.

**zur Reihe II:** Das Abendmahl (1 Kor 11,23-26)
Himmlischer Vater, dein heiliges Sakrament ist ein Denkmal, das uns erinnert, wie weit deine Liebe geht: bis ans Kreuz. Einen neuen Bund hast du mit uns geschlossen, dich an das Wort deiner Liebe gebunden und dich mit uns verbündet. Jedes Abendmahl bekräftigt unsere Taufe, dein Jawort zu uns. Wir bitten dich: Stärke uns durch Brot und Wein. Hilf, daß wir dich bezeugen im Glauben und in der Liebe.

**zur Reihe III:** Das Abendmahl (Mk 14,17-26)
Himmlischer Vater, selbst mit Judas hat Jesus das Brot geteilt. Wie umfassend ist seine Liebe! Wir bitten dich: Mach auch unsere Herzen weit. Laß uns, die wir so verschieden sind, zu einer Gemeinschaft werden, die in dir und durch dich verbunden ist. Wehre allen, die Unfrieden stiften. Stärke deine Gemeinde und Kirche, fördere den Geist der Geschwisterlichkeit unter uns zum Lobpreis deines Namens.

# GRÜNDONNERSTAG

**zur Reihe IV:** Kelch und Brot (1 Kor 1o,16-17)
Himmlischer Vater, aus den vielen Körnern wurde e i n Brot, aus den vielen Trauben e i n Trank. Du willst, daß wir alle teilhaben an dir, dem Brot des Lebens, daß wir zur Gottesfamilie zusammenwachsen an deinem Tisch. Wir bitten dich: Hilf, daß deine Kirche aufhört, an getrennten Tischen dein Sakrament zu feiern. Laß uns gastfrei werden für jedermann, denn du selbst bist der Tischherr.

**zur Reihe V:** Das Passahmahl (Ex 12,1-14)
Himmlischer Vater, das Blut der Lämmer an den Türpfosten in Ägypten bewahrte vor dem Tod. Das Blut Christi am Kreuz verbürgt uns das Leben. Der Tod hat seine endgültige Macht verloren - am Ende ist nur gültig, was du, Herr, willst. Und dein Wille heißt Leben, Licht und Freude. Wir danken dir, Herr, und beten dich an.

**zur Reihe VI:** Der Hohepriester (Hebr 2,1o-18)
Himmlischer Vater, dein Sohn ist nicht bei den Engeln im Himmel geblieben, sondern er ist herabgekommen in unsere Menschlichkeit, um uns Bruder zu werden und uns deiner Liebe zu vergewissern. Wir danken dir, daß du solches Erbarmen mit uns hast, daß du selbst hinwegnimmst, was uns von dir trennt.

## FÜRBITTENGEBET

Herr, unser Gott, wir sagen dir Dank, daß wir es durch dein Wort hören und es im Abendmahl schmecken dürfen, daß du uns annimmst. Hilf uns, daß es nicht beim Hören allein bleibt, sondern daß es uns mit Leib und Seele erfaßt und verändert. Wir bitten dich für unsere Gemeinde: Hilf, daß wir immer besser zusammenwachsen und uns einander im Glauben ermutigen. Wir bitten dich für alle, die dein Wort auslegen, um rechte Erkenntnis deines Willens, um eine Sprache, die verstanden wird, und um die Überzeugungskraft, die Herzen verwandeln kann. Herr, laß uns lebendige Glieder deiner Gemeinde sein. Amen.

## KARFREITAG

**Spruch des Tages:** Also hat Gott die Welt geliebt, daß er seinen eingeborenen Sohn gab, damit alle, die an ihn glauben, nicht verloren werden, sondern das ewige Leben haben.
Jo 3,16

## PSALM

Gott, sei mir gnädig nach deiner Güte
und tilge meine Sünden nach deiner großen Barmherzigkeit.

Mein Gott, mein Gott, warum hast du mich verlassen?
    Ich schreie, aber meine Hilfe ist ferne.
Mein Gott, des Tages rufe ich, doch antwortest du nicht,
    und des Nachts, doch finde ich keine Ruhe.
Sei nicht ferne von mir, denn Angst ist nahe;
    denn es ist hier kein Helfer.
(Zweifel steigen in mir auf und bedrängen mich.
    Fragen bleiben ohne Antwort und machen mich irre.
Doch zu dir, Herr, rufe ich und suche dich,
    mein Klagen klagt nicht an, sondern hält an die fest.
Herr, sei nicht ferne,
    denn durch das Dunkel greife ich nach dir.)

Gott, sei mir gnädig nach deiner Güte
und tilge meine Sünden nach deiner großen Barmherzigkeit.

nach Ps 51,3/Ps 22

# KARFREITAG

## KOLLEKTENGEBET

Jesus Christus, Herr und Bruder, dein Kreuz erschreckt uns und erfreut uns zugleich. Es klagt uns an und befreit uns. Es hält uns unsere Sünde vor und vergibt sie uns. Herr, laß uns nicht vergessen, was du für uns getan hast, wieviel wir dir bedeuten. Hilf, daß wir dich ehren, der du mit dem Vater in der Einheit des Heiligen Geistes lebst und regierst von Ewigkeit zu Ewigkeit. Amen.

## GEBET

**zur Reihe I:** Kreuzigung (Jo 19,16-3o)
Allmächtiger Gott, du hast den Schandpfahl des Kreuzes zum Zeichen des Heils gemacht. Du hast den Tod am Kreuz getötet und die Tür zur Ewigkeit aufgestoßen. Du hast durch deine Vergebung die Anklagen des Teufels zunichte gemacht. Wir danken dir für dein Erbarmen, für deine väterliche Güte.

**zur Reihe II:** Gottes Versöhnung (2 Kor 5,14-21)
Allmächtiger Gott, du hast Christus, der von keiner Sünde wußte, unsere Sünde aufgeladen, damit wir durch ihn als gerechtfertig gelten vor dir. Wir danken dir, daß du uns annimmst, obwohl wir Ablehnung verdienten; daß du zu uns stehst, obgleich du gegen uns sein müßtest. Wir bitten dich: Laß uns nicht nur von deiner Gnade leben, sondern laß uns selbst gnädig werden. Hilf uns, daß wir dein Versöhnungswerk nicht nur für uns annehmen, sondern daß wir als mit dir Versöhnte für Versöhnung eintreten.

**zur Reihe III:** Kreuzigung (Lk 23,33-49)
Allmächtiger Gott, bis in die letzte Stunde hinein ist Jesus den Verlorenen nachgegangen und hat einem Verbrecher dein Reich angesagt. Für seine Feinde konnte er noch beten, ehe er sich ganz in deine Hände legte. Herr, wir bitten dich: Laß auch uns zu denen gehören, die deiner Vergebung teilhaftig und mit dir im Paradies sein werden. In deine Hände befehlen wir uns - heute und in Ewigkeit.

# KARFREITAG

**zur Reihe IV:** Das einmalige Opfer (Hebr 9,15-28)
Allmächtiger Gott, immer wieder sind wir versucht, dir Opfer oder gute Werke anzubieten, um deine Gnade zu erlangen. Doch dein Sohn hat bereits alles erledigt, uns frei und ledig gesprochen von Sünde und Schuld durch sein Kreuz. Wir danken dir, daß du uns davon befreit hast, unser Heil selber schaffen zu müssen. Daran würden wir nur zerbrechen. Wir sagen dir Dank für dein Erbarmen.

**zur Reihe V:** Kreuzigung (Mt 27,33-54)
Allmächtiger Gott, vor deinem Kreuz können wir eigentlich nur schweigen, es still und dankbar annehmen, was dein Sohn für uns getan hat. Er hat den Vorhang im Tempel zerrissen, den Zugang zu deinem Herzen aufgetan. Wir danken dir, daß du uns nachgehst, uns nicht verdammst und verwirfst. Deine Liebe sucht uns. Hier sind wir, Herr, finde uns!

**zur Reihe VI:** Der leidende Gottesknecht (Jes 52,13ff)
Allmächtiger Gott, dein Sohn trug unsere Krankheit; er lud auf sich unsere Schmerzen; durch seine Wunden sind wir geheilt. Die Vorstellung von einem gekreuzigten Gott paßt nicht in unser Denken, sie übersteigt menschliche Logik. Nicht Unbegreifliches begreifen, sondern von deiner Liebe ergreifen lassen wollen wir uns.

## FÜRBITTENGEBET

Himmlischer Vater, gütiger Gott, die Wege, die wir geführt werden, sind uns oft rätselhaft. Aber auch deinem Sohn blieb das Leidvolle des Lebens nicht erspart. In Jesus hast du ein schreckliches Schicksal zu deinem eigenen gemacht. Was auf uns zukommt, das ist dir nicht fremd geblieben. Durch welche Tiefe wir hindurchmüssen, du bist uns schon voraus. Wohin wir auch gelangen, da erwartest du uns schon. Du hast uns die Angst vor dem Tod genommen. Dein Wesen, Herr, ist Licht. Wir beten dich an. Amen.

## OSTERSONNTAG

**Wochenspruch:** Christus spricht: Ich war tot, und siehe, ich bin lebendig von Ewigkeit zu Ewigkeit und habe die Schlüssel des Todes und der Hölle.   Offb 1,18

### PSALM

Danket dem Herrn; denn er ist freundlich,
und seine Güte währet ewiglich.

(Der Herr ist der Grund meiner Hoffnung,
    ihm gilt mein Singen.
Stimmt mit ein und sagt es weiter:
    Christus hat den Tod getötet.)
Die Rechte des Herrn ist erhöht;
    die Rechte des Herrn behält den Sieg!
Ich werde nicht sterben, sondern leben
    und des Herrn Werke verkündigen.
(Von Gott wird mich nichts trennen,
    bei ihm werde ich sein auf immer.)
Der Herr züchtigt mich schwer;
    aber er gibt mich dem Tode nicht preis.
(Durch den Tod muß ich zwar,
    aber hindurch und nicht nur hinein.)
Dies ist der Tag, den der Herr macht;
    laßt uns freuen und fröhlich an ihm sein.
(Christus wurde von den Menschen verworfen,
    doch Gott hat ihn zum Fundament gemacht
Ohne ihn würde die Welt zur Hölle,
    doch durch seine Liebe hat alles Bestand.)

Danket dem Herrn; denn er ist freundlich,
und seine Güte währet ewiglich.

nach Ps 118

# OSTERSONNTAG

## KOLLEKTENGEBET

Jesus Christus, Herr und Bruder, du hast den Tod in die Schranken gewiesen und gezeigt, wer das letzte Wort über jedes Leben spricht. Wir bitten dich: Deine Auferstehung lasse uns aufstehen zu neuem Leben - zu einem Leben, das sich auf dich verläßt und allen Todesmächten entgegentritt. Daran halten wir fest: Solange wir leben, bist du bei uns; und wenn wir nicht mehr leben, dann sind wir bei dir, der du mit dem Vater in der Einheit des Heiligen Geistes lebst und regierst von Ewigkeit zu Ewigkeit. Amen.

## GEBET

**zur Reihe I:** Auferstehung (Mk 16,1-8)
Vater Jesu Christi, durch die Auferweckung deines Sohnes hast du den Tod zum Türhalter zur Ewigkeit degradiert. Nun haben wir eine Hoffnung, die vor dem Tod nicht Halt macht. Nun ist der Tod nicht mehr das Ende, sondern die Vollendung. Das Leben kommt zu seiner Fülle, wenn wir sterben, denn dann kommst du. Bei dir werden wir einen Platz haben in Ewigkeit.

**zur Reihe II:** Erscheinungen (1 Kor 15,1-11)
Vater Jesu Christi, auch unsere Augen werden gehalten. Wir gehen mit gesenkten Köpfen durchs Leben. Entmutigung packt uns und läßt uns die Zukunft düster sehen. Beim Brotbrechen gab sich dein Sohn den Jüngern zu erkennen. Im Nachhinein wurde deutlich, daß er schon zuvor an ihrer Seite ging. Sei du auch mit uns und gib uns Brot des Lebens. Laß uns spüren, daß du mit uns gehst.

**zur Reihe III:** Auferstehung (Mt 28,1-1o)
Vater Jesu Christi, die alte Ordnung "Mit dem Tod ist alles aus, nach dem Leben kommt das Sterben" hast du auf den Kopf gestellt. Nun gilt: "Mit dem Tod fängt alles erst an, nach dem Sterben kommt das ewige Leben!" Nun müssen wir weitsichtiger sein, nicht nur heute und hier mit dir rechnen, sondern auch morgen und in Ewigkeit. Herr, es ist gut, daß du uns auf weiten Raum stellst.

## OSTERSONNTAG

**zur Reihe IV:** Der Herr macht lebendig (1 Sam 2,1-8)
Vater Jesu Christi, Maria Magdalena wollte ihre Erinnerungen pflegen. Doch Christus schickte sie in die Zukunft, verwies sie ans Leben. Ein vom Tod besiegter Gott wäre auch keine Träne wert. Wir bitten dich: Verwehre auch uns, daß wir uns von den Todesmächten in Bann ziehen lassen, als wäre der Tod der Herr. Hilf uns, mit deiner Lebendigkeit ernst zu machen. Laß uns aufstehen zum Leben.

**zur Reihe V:** Jesus als Gärtner? (Jo 2o,11-18)
Vater Jesu Christi, aus dem Christenverfolger Saulus machte dein Sohn einen um seinetwillen verfolgten Paulus. Aus dem Gesetzesprediger wurde der Gnadenprediger. Und dies nicht, weil er die Geschichte vom leeren Grab hörte. Sie hatte keinen Glauben in ihm geweckt. Die Begegnung mit dir verwandelte ihn. Wir bitten dich: Erweise du dich auch uns als der Lebendige. Dann wird die Geschichte vom leeren Grab mit Leben gefüllt.

**zur Reihe VI:** Der Erstling (1 Kor 15,19-28)
Vater Jesu Christi, durch die Auferstehung hast du bestätigt, daß Jesus in deiner Vollmacht handelte, daß du selbst in ihm gekommen warst. Wir bitten dich: Hilf, daß wir ihm nachfolgen und ihm im Leben und im Sterben vertrauen.

## FÜRBITTENGEBET

Jesus Christus, du hast dich stärker erwiesen als der Tod. Du kannst Steine zum Rollen bringen. Wir bitten dich für die Menschen, die gefangen sind wie in einem Grab, die aus Depressionen nicht herauskommen, die sich nur noch um sich selber drehen, die sich verstrickt haben in Schuld und keinen Ausweg erkennen, die sich in sich selbst verschließen: Herr, führe sie heraus aus ihren Gräbern - den selbstgemachten und den aufgezwungenen. Laß sie eine neue Perspektive erkennen, frischen Mut finden und Vertrauen fassen zu dir. Du willst Leben, Freude, Liebe Lachen. Herr, laß uns alle einen Vorgeschmack der Auferstehung erleben und dich loben und preisen. Amen.

## OSTERMONTAG

**Wochenspruch:** Christus spricht: Ich war tot, und siehe, ich bin lebendig von Ewigkeit zu Ewigkeit und habe die Schlüssel des Todes und der Hölle.       Offb 1,18

### PSALM

Danket dem Herrn; denn er ist freundlich,
und seine Güte währet ewiglich.

(Der Herr ist der Grund meiner Hoffnung,
    ihm gilt mein Singen.
Stimmt mit ein und sagt es weiter:
    Christus hat den Tod getötet.)
Die Rechte des Herrn ist erhöht;
    die Rechte des Herrn behält den Sieg!
Ich werde nicht sterben, sondern leben
    und des Herrn Werke verkündigen.
(Von Gott wird mich nichts trennen,
    bei ihm werde ich sein auf immer.)
Der Herr züchtigt mich schwer;
    aber er gibt mich dem Tode nicht preis.
(Durch den Tod muß ich zwar,
    aber hindurch und nicht nur hinein.)
Dies ist der Tag, den der Herr macht;
    laßt uns freuen und fröhlich an ihm sein.
(Christus wurde von den Menschen verworfen,
    doch Gott hat ihn zum Fundament gemacht
Ohne ihn würde die Welt zur Hölle,
    doch durch seine Liebe hat alles Bestand.)

Danket dem Herrn; denn er ist freundlich,
und seine Güte währet ewiglich.

                                              nach Ps 118

# OSTERMONTAG

## KOLLEKTENGEBET

Jesus Christus, Herr und Bruder, durch deine Auferstehung hast du eine neue Hoffnung in die Welt gebracht. Wir dürfen unverschämt hoffen - hoffen, ohne uns dessen schämen zu müssen. Du selbst hast diese Hoffnung entfacht. Du bist mit uns nicht am Ende, wenn unser Leib am Ende seiner Kraft ist. Für diesen Ausblick loben und preisen wir dich, der du mit dem Vater in der Einheit des Heiligen Geistes lebst und regierst von Ewigkeit zu Ewigkeit. Amen.

## GEBET

**zur Reihe I:** Die Emmausjünger (Lk 24,13-35)
Gott, unser Vater, der Weg von Jerusalem nach Emmaus wird auch heute noch tausendfach gegangen. Menschen holen sich am Glauben und an deiner Kirche Enttäuschungen. Du bist nicht der Gott, der alle Probleme löst. Du schlägst nicht drein und bringst die Welt in Ordnung, wie wir es gerne hätten. Du gehst einfach mit, läßt dann und wann unsere Herzen brennen, wenn ein Wort der Schrift uns trifft. Du teilst mit uns das Brot. Herr, laß auch uns die Augen aufgehen wie jenen beiden Jüngern. Mach uns gewiß, daß du mit uns gehst.

**zur Reihe II:** So ist der Glaube umsonst (1 Kor 15,12-2o)
Gott, unser Vater, mit einem toten Christus lohnt es nicht, Christ zu sein. Wir bitten dich: Mach uns seiner Lebendigkeit gewiß, damit er auch uns mit hineinnehme in sein Leben der Liebe, der Barmherzigkeit und des Friedens. Erwecke uns zu neuem Leben - im Geiste Jesu.

**zur Reihe III:** Er öffnet ihnen die Schrift (Lk 24,36-45)
Gott, unser Vater, wir möchten dessen gewiß sein, daß dein Sohn lebt. Wir wollen nicht Hirngespinsten aufsitzen. Mit seinen Jüngern aß Jesu und zeigte ihnen seine Wundmale. Uns aber erweist er sich anders als der Lebendige: Indem er uns mit seinem Geist erfüllt, uns hineinzieht in sein Leben. Wir bitten dich: Wecke uns auf, stifte uns an zum Leben.

## OSTERMONTAG

**zur Reihe IV:** Der Tod ist verschlungen (1 Kor 15,5o-58)
Gott, unser Vater, Starre kennzeichnet den Tod, Verwandlung ist Ausweis des Lebens. Du willst uns verwandeln - das Verwesliche in Unverweslichkeit. Du hast dem Tod den Stachel gezogen. Wie die Biene sich den Tod holt, wenn sie sticht, so hat sich der Tod an dir den Tod geholt. "Tod, wo ist dein Sieg? Tod, wo ist dein Stachel?" - so spottete Paulus. Herr, steck uns an mit dieser Freude über den Tod des Todes.

**zur Reihe V:** Der Tod wird besiegt (Jes 25,8-9)
Gott, unser Vater, du willst dereinst abwischen alle Tränen von unseren Augen. Die mit Tränen säen sollen mit Freuden ernten. Wir danken dir für diese Verheißung. Laß es nicht eine billige Vertröstung sein. Stecke uns schon jetzt an mit dieser Hoffnung, daß wir froh in den Tag gehen, gelassen und geborgen in dir und uns den Problemen stellen, die uns herausfordern.

**zur Reihe VI:** Predigt vom Auferstandenen (Apg 1o,34-43)
Gott, unser Vater, die Kunde von der Auferstehung deines Sohnes ging wie ein Lauffeuer um die Erde. Alle Welt braucht diese Botschaft: Bei dir geht keiner verloren. Nicht der Gottesacker ist das Ziel der Dinge, sondern das Nahesein bei dir. Nicht Verderben ist das Ende, sondern das Ziel heißt Vollendung: Leben und Freude die Fülle bei dir.

## FÜRBITTENGEBET

Herr, wir danken dir, daß wir unbescheiden sein dürfen, daß wir uns mit diesem Leben nicht zufrieden geben müssen, sondern von dir erhoffen, daß du uns Anteil geben wirst an deinem ewigen Leben. Du hast das Tor des Todes aufgestoßen und uns eine Hoffnung gegeben, die der Tod nicht zerstört. Wir bitten dich: Laß diesen Ausblick auf die Zukunft uns tüchtig machen für die Gegenwart. Hilf uns, die Aufgaben mutig anzupacken, das Leid geduldig zu tragen und die Hoffnung lebendig zu halten. Laß uns von Ostern her leben und auf unser eigenes Ostern getrost zugehen. Amen.

## QUASIMODOGENITI

**Wochenspruch:** Gelobt sei Gott, der Vater unseres Herrn Jesus Christus, der uns nach seiner großen Barmherzigkeit wiedergeboren hat zu einer lebendigen Hoffnung durch die Auferstehung Jesu Christi von den Toten.   1 Petr 1,3

### PSALM

Dir will ich Dank opfern und des Herrn Namen anrufen.

Ich liebe den Herrn, denn er hört
    die Stimme meines Flehens.
Er neigte sein Ohr zu mir;
    darum will ich mein Leben lang ihn anrufen.
Stricke des Todes hatten mich umfangen, des Todesreichs Schrecken hatten mich getroffen;
    ich kam in Jammer und Not.
(Dicht am Grabesrand bin ich gestanden,
    ich wußte nicht mehr aus noch ein.
Doch als ich meine Zuflucht bei Gott suchte,
    da erfuhr ich Barmherzigkeit und Hilfe.)
Ich rief an den Namen des Herrn:
    Ach, Herr, errette mich!
Sei nun wieder zufrieden, meine Seele;
    denn der Herr tut dir Gutes.
Denn du hast meine Seele vom Tode errettet,
    meine Augen von den Tränen,
    meinen Fuß vom Gleiten.
Ich werde wandeln vor dem Herrn
    im Lande der Lebendigen.

Dir will ich Dank opfern und des Herrn Namen anrufen.

nach Ps 116

# QUASIMODOGENITI

## KOLLEKTENGEBET

Jesus Christus, Herr und Bruder, durch deine Auferstehung hat das Leben eine neue Qualität bekommen. Ein Horizont ist aufgestoßen jenseits unserer Gräber. Wir bitten dich: Laß uns neu geboren werden - heute und hier und dereinst in deinem Reich, der du mit dem Vater in der Einheit des Heiligen Geistes lebst und regierst von Ewigkeit zu Ewigkeit. Amen.

## GEBET

**zur Reihe I:** Der zweifelnde Thomas (Jo 2o,19-29)
Herr, unser Gott, dein Sohn hat den Zweifler Thomas nicht von sich gestoßen. Das läßt uns hoffen, daß du auch unseren schwankenden Glauben nicht verwirfst. Jesus hat dem Versager Petrus seine Liebe nicht entzogen, sondern ihn neu in seinen Dienst gestellt. Das läßt uns hoffen, daß er auch uns brauchen kann. Herr, verwirf uns nicht.

**zur Reihe II:** Auferstehungshoffnung (1 Petr 1,3-9)
Herr, unser Gott, du hast in uns eine Hoffnung erweckt, daß deine Barmherzigkeit mit uns nicht endet, wenn der Tod bitter zuschlagen und unser Leben einfordern wird. Du hast uns durch Christus ein Erbe bereitet, von dem wir nur träumen können. Wir bitten dich: Erhalte uns diese Hoffnung, daß sie uns schon jetzt verändere, uns zu neugeborenen Kindern deines Reiches mache.

**zur Reihe III:** Jesus am See Tiberias (Jo 21,1-14)
Herr, unser Gott, du hast uns hineingeholt in das Netz deiner Kirche. Durch die Taufe - nicht durch unser Verdienst - gehören wir zu dir. Wir bitten dich: Hilf uns, daß wir daran mitwirken, daß das Netz deiner Kirche nicht ein Fangnetz, sondern ein Sprungnetz sei. Laß uns im Glauben geborgen sind und wissen: Wenn wir stürzen, dann fallen wir in deine gütigen Hände, Herr.

## QUASIMODOGENITI

**zur Reihe IV:** Auferstanden durch Glauben (Kol 2,12-15)
Herr, unser Gott, dein Sohn hat unsere Anklageschrift, unseren Schuldbrief ans Kreuz geheftet. Die Schuld ist gesühnt, die Anklage erledigt. Wir bitten dich: Wandle uns so, daß man uns diese Befreiung abspürt. Laß andere an uns ablesen können: Die frohe Botschaft macht wirklich froh.

**zur Reihe V:** Der Auferstandene erscheint (Mk 16,9-2o)
Herr, unser Gott, der Tod macht ein solches Geschrei von seinen Siegen, daß wir glauben könnten, dein Sohn sei gar nicht auferstanden. Wir bitten dich: Hol uns heraus aus den Gräbern unseres Kleinglaubens. Wälze den Stein der Resignation von unseren Herzen fort. Sei du der Herr unseres Lebens und laß uns dich bezeugen mit Wort und Tat.

**zur Reihe VI:** Auf den Herrn harren! (Jes 4o,26-31)
Herr, unser Gott, auf der Spurensuche nach dir entdecken wir so viele Zufälle. Ob du dich dahinter versteckst? Was könnte uns zufallen, was du nicht fallen ließest? Welches Schicksal könnte uns ereilen, das uns nicht an dich verwiese? Wir bitten dich, Herr: Laß uns dich erkennen in allem, was uns widerfährt, laß uns Gutes wie Schweres aus deiner Hand annehmen.

## FÜRBITTENGEBET

Herr, wir bitten dich für die Menschen, die unter Depressionen leiden, die von düsteren Gedanken gequält werden, die keinen Sinn mehr sehen in ihrem Leben. Wir bitten dich für die Kranken, die unter Schmerzen leiden, die vor einer Operation stehen, die nur noch auf das Ende warten. Vergiß du die nicht, die wir vergessen. Sei du denen nahe, denen wir aus dem Weg gehen. Richte auf, die unter ungerechten Verhältnissen leiden und verfolgt werden, die gedemütigt und mißhandelt werden. Herr, höre das Rufen deiner Kinder. Sei allen der Vater, bei dem wir Zuflucht finden. Amen.

## MISERICORDIAS DOMINI

**Wochenspruch:** Christus spricht: Ich bin der gute Hirte. Meine Schafe hören meine Stimme, und ich kenne sie, und sie folgen mir; und ich gebe ihnen das ewige Leben.

Joh 1o,11a.27a-28a

### PSALM

Der Herr ist mein Hirte, mir wird nichts mangeln.

Er weidet mich auf grüner Aue
    und führet mich zum frischen Wasser.
Er erquicket meine Seele.
    Er führet mich auf rechter Straße
    um seines Namens willen.
(Mit Lebensmut und Zuversicht stattet er mich aus.
    Was ich tun soll, das läßt er mich wissen.
Selbst wenn ich durch Schweres hindurch muß,
    weiß ich Gott an meiner Seite.)
Und ob ich schon wanderte im finstern Tal,
    fürchte ich kein Unglück;
denn du bist bei mir,
    dein Stecken und Stab trösten mich.
Du bereitest vor mir einen Tisch
    im Angesicht meiner Feinde.
Du salbest mein Haupt mit Öl
    und schenkest mir voll ein.
Gutes und Barmherzigkeit
werden mir folgen mein Leben lang,
    und ich werde bleiben im Hause des Herrn immerdar.
(Ich bin gewiß: Bis an mein Ende
    werde ich Gottes Güte erfahren.
Darum halte ich mich zu ihm,
    lobsinge ihm im Gottesdienst.)

Der Herr ist mein Hirte, mir wird nichts mangeln.

nach Ps 23

# MISERICORDIAS DOMINI

## KOLLEKTENGEBET

Jesus Christus, Herr und Bruder, du bist der gute Hirte. Du hast dein Leben für uns gelassen. Wir bitten dich: Gib uns deinen Geist, daß wir allezeit deine Stimme hören und dir folgen, der du mit dem Vater in der Einheit des Heiligen Geistes lebst und regierst von Ewigkeit zu Ewigkeit. Amen.

## GEBET

**zur Reihe I:** Der gute Hirte (Jo 1o,11-3o)
Gott, gütiger Vater, wir benehmen uns wie Schafe, die ohne Hirten sind. Wir sind orientierungslos und verängstigt. Wir wissen nicht, wem wir folgen sollen. Viele Stimmen umwerben uns und reden auf uns ein. Wir bitten dich: Laß uns deine Stimme heraushören, damit wir nicht in die Irre gehen. Halte uns fest an deiner Hand.

**zur Reihe II:** Ruf in die Nachfolge (1 Petr 2,21-25)
Gott, gütiger Vater, du hast uns Jesus Christus zum Hirten gemacht. Er hat sein Leben für uns eingesetzt. Wir bitten dich: Hilf uns, daß wir seinen Fußstapfen folgen, daß wir uns von ihm leiten lassen und der Gerechtigkeit gemäß leben, deine Gemeinschaft nicht in den Wind schlagen.

**zur Reihe III:** Gott, der gute Hirte (Hes 34,1-31)
Gott, gütiger Vater, du kennst die Schwachheit unseres Glaubens und wie leicht wir irre werden an deinem Geleit. Wir bitten dich: Laß uns deinen Stecken und Stab spüren, wenn wir durch finstere Täler hindurch müssen. Du bist nicht f ü r das Leid, aber du bist im Leid d a b e i. Laß uns stets deine Barmherzigkeit spüren, damit wir unseren Weg getröstet weitergehen können.

## MISERICORDIAS DOMINI

**zur Reihe IV:** Weidet die Herde! (1 Petr 5,1-4)
Gott, gütiger Vater, dein Sohn ist unser guter Hirte. Er hat den Maßstab gesetzt für alle Pastoren, für alle, die Verantwortung tragen für andere. Wir bitten dich: Hilf uns, daß wir unserer Verantwortung gerecht werden - sei es als Pfarrer oder Mitarbeiter in der Gemeinde, sei es als Eltern und Erzieher, als Vorgesetzte oder Untergebene. Laß die Freude bei unserem Tun nicht fehlen.

**zur Reihe V:** Petrus, hast du mich lieb? (Jo 21,15-19)
Gott, gütiger Vater, es wäre verständlich gewesen, wenn dein Sohn Jesus Christus mit Petrus abgerechnet und ihm die Liebe aufgekündigt hätte. Auch wir haben dich vielfach verleugnet und deine Liebe aufs Spiel gesetzt. Wir danken Christus, daß er Versagern seine Liebe nicht versagt, daß er keine Übermenschen sucht, sondern uns, die wir nun einmal so sind wie wir sind. Herr, hilf uns bei dem, was du uns zutraust. Mach uns tüchtig in der Nachfolge.

**zur Reihe VI:** Jesus, der gute Hirte (Hebr 13,2o-21)
Gott, gütiger Vater, unser Vollbringen bleibt immer wieder weit hinter unserem guten Wollen zurück. Du selbst mußt uns tüchtig machen zu allem Guten, damit wir deinem Namen keine Schande bereiten, sondern deinen Namen ehren. Wir bitten dich: Versag uns nicht deine Hilfe.

## FÜRBITTENGEBET

Herr, wir bitten dich für die Menschen, die sich verlassen fühlen, die von Zweifeln geplagt werden, die um Gesundheit und geliebtes Leben bangen: Laß keinen in der Finsternis versinken. Und wo wir anderen Licht ins Leben bringen können, da gib du uns gute Einfälle und das nötige Fingerspitzengefühl. Herr, höre das Rufen derer, die ihre Hände nicht mehr falten zum Gebet, die an dir irre geworden sind, denen das Leid den Blick trübt. Amen.

# JUBILATE

**Wochenspruch:** Ist jemand in Christus, so ist er eine neue Kreatur, das Alte ist vergangen, siehe, Neues ist geworden.

2 Kor 5,17

## PSALM

Jauchzet Gott, alle Lande!
Lobsinget zur Ehre seines Namens; rühmet ihn herrlich!

(Bringt euer Staunen zum Ausdruck
    über Gottes wundersames Tun!
Damit auch die Gottlosen ins Fragen kommen,
    ihr stolzes Haupt vor ihm neigen.)
Alles Land bete dich an und lobsinge dir,
    lobsinge deinem Namen.
Lobet, ihr Völker, unsern Gott,
    laßt seinen Ruhm weit erschallen,
der unsre Seelen am Leben erhält
    und läßt unsere Füße nicht gleiten.
(Betrachtet und bedenkt,
    wie Gott Haß mit Liebe beantwortet,
wie er uns am Leben erhält,
    obwohl wir seinen Zorn verdient hätten.)

Jauchzet Gott, alle Lande!
Lobsinget zur Ehre seines Namens; rühmet ihn herrlich!

nach Ps 66

JUBILATE

## KOLLEKTENGEBET

Jesus Christus, Herr und Bruder, durch deine Auferstehung ist alles neu geworden. Nun treibt nicht mehr alles auf ein bitteres Ende zu, sondern wir erwarten, daß du alles neu machen wirst, daß du uns ein von Sünde und Leid befreites Leben eröffnen wirst. Wir loben und preisen dich, der du mit dem Vater in der Einheit des Heiligen Geistes lebst und regierst von Ewigkeit zu Ewigkeit. Amen.

## GEBET

**zur Reihe I:** Der wahre Weinstock (Jo 15,1-8)
Himmlischer Vater, Blätter und Reben sind zum Tode verurteilt, wenn sie nicht die Verbindung zum Weinstock halten. Wir bitten dich: Laß die Verbindung zu dir nicht abreißen. Laß den Geist deiner Liebe in uns strömen, damit wir gute Früchte bringen und dich preisen. Durch die Taufe hast du dich mit uns verbündet. Hilf uns, daß wir uns zu Recht nach deinem Sohn Christen nennen, daß unser Reden und Tun ihn als den lebendigen Herrn bezeugt.

**zur Reihe II:** Glaube überwindet die Welt (1 Jo 5,1-4)
Himmlischer Vater, du willst, daß sich unsere Liebe zu dir in der Liebe zu unserem Nächsten erweist. Du weißt, daß wir uns damit schwer tun. Hilf uns, unseren Egoismus zu überwinden und in den Gesichtern unserer Mitmenschen das Antlitz deines Sohnes zu erkennen. Gib uns die Kraft, auch mit denen freundlich umzugehen, die uns schwer fallen. Laß unsere Liebe an deiner Liebe wachsen.

**zur Reihe III:** Traurigkeit in Freude! (Jo 16,16-23)
Himmlischer Vater, du hast uns versprochen, daß dereinst alle quälenden Fragen beantwortet werden. Du willst unsere Traurigkeit in Freude verwandeln. Hilf, daß wir uns darauf verlassen, daß du dies auch tun wirst. Laß uns die Kraft gewinnen, über den Augenblick hinauszuschauen, daß wir die Anfechtungen bestehen und unsere Hoffnung auf dich setzen.

## JUBILATE

**zur Reihe IV:** Das Unsichtbare ist ewig (2 Kor 4,16-18)
Himmlischer Vater, was wir aufbauen, worauf wir stolz sind, was wir leisten - das alles wird einmal dahinschmelzen wie Wachs. Vor dir hat es keinen Bestand. Höchstens bis zum Grabesrand hat es eine gewisse Geltung. Was sollen wir dir antworten, wenn du uns fragst: "Was hast du mit dem Leben, das ich dir anvertraut hatte, gemacht?" Werden wir sagen können, daß es ein Leben der Liebe war, von deinem Geist geprägt? Herr, sei uns gnädig. Gib uns deinen Geist, daß er uns tüchtig mache.

**zur Reihe V:** Erschaffung des Menschen (Gen 1,1-2,4)
Himmlischer Vater, dir verdanken wir, daß wir sind. Du hast uns das Leben und diese Welt anvertraut. Wir loben und preisen dich für deine wunderbare Schöpfung. Wir bitten dich: Hilf uns, daß wir mit dieser Leihgabe schonend umgehen, daß wir die Erde unseren Enkeln bewohnbar übergeben können.

**zur Reihe VI:** Paulus in Athen (Apg 17,22-34)
Himmlischer Vater, aus deiner Hand kommen wir und du rufst uns zurück, wann es dir gefällt. Wir werden nicht gefragt, ob wir leben wollen. Du fragst uns auch nicht, wann und wie wir sterben wollen. Anfang und Ende liegen bei dir beschlossen. Wir bitten dich: Laß uns nicht vergessen, daß wir alles, was ist, dir und deiner Güte verdanken. Laß unser Leben ein Lobpreis sein auf deine große Barmherzigkeit.

## FÜRBITTENGEBET

Herr, wir bitten dich für die Menschen, von deren Not und Leid wir wissen: Sei du den Trostlosen Trost, den Verzweifelten Halt und den Hoffnungslosen Licht. Wir bitten dich für die Kranken und alle, die sie pflegen: Gib ihnen Geduld und Liebe. Wir bitten dich für die Sterbenden: Sei ihnen nahe mit deinem Trost. Und wo du uns brauchen kannst, laß es uns erkennen. Gib uns Worte, die aufrichten, Blicke, die Güte ausstrahlen, und tüchtige Hände, die zupacken, wo es nötig ist. Amen.

## KANTATE

**Wochenspruch:** Singet dem Herrn ein neues Lied, denn er tut Wunder.
Ps 98,1

## PSALM

Singet dem Herrn ein neues Lied, denn er tut Wunder.
Er schafft Heil mit seiner Rechten und mit seinem heiligen Arm.

Der Herr läßt sein Heil kundwerden;
    vor den Völkern macht er seine Gerechtigkeit offenbar.
Er gedenkt an seine Gnade und Treue für das Haus Israel,
    aller Welt Enden sehen das Heil unseres Gottes.
(Gott hat keine Freude am Unheil.
    Heilen liegt ihm am Herzen.
Darum gewährt er uns seine Gemeinschaft,
    obgleich wir seine Verachtung verdienten.)
Jauchzet dem Herrn, alle Welt,
    singet, rühmet und lobet!
Lobet den Herrn mit Harfen,
    mit Harfen und Saitenspiel!
Mit Trompeten und Posaunen
    jauchzet vor dem Herrn, dem König!
(Auf immer neue Weise
    preist Gottes unendliche Liebe!)

Singet dem Herrn ein neues Lied, denn er tut Wunder.
Er schafft Heil mit seiner Rechten und mit seinem heiligen Arm.

nach Ps 98

# KANTATE

## KOLLEKTENGEBET

Jesus Christus, Herr und Bruder, du hast uns frohe Botschaft gebracht. Wir haben Grund, fröhlich zu sein. Laß dir unser Lob gefallen, laß uns schon jetzt miteinstimmen in den himmlischen Lobgesang, der du mit dem Vater in der Einheit des Heiligen Geistes lebst und regierst von Ewigkeit zu Ewigkeit. Amen.

## GEBET

**zur Reihe I:** Kommt her zu mir alle (Mt 11,25-3o)
Allmächtiger Gott, du willst nicht das Seufzen und Wehklagen. Du willst unseren Seelen Ruhe geben. Du schreibst keinen ab. Dem Schwachen gibst du keinen Stoß, daß er falle, sondern du willst aufrichten und trösten. Wir bitten dich: Gib, daß uns die Probleme des Lebens nicht verhärten, daß wir vielmehr auf das schauen, was uns dankbar und singen machen kann.

**zur Reihe II:** Psalmen und geistliche Lieder (Kol 3,12-17)
Allmächtiger Gott, manchem vergeht das Singen. Vielen ist eher zum Weinen zumute. Wir bitten dich: Laß sie nicht in ihrem Kummer versinken, sondern schenke neue Hoffnung, gib Lebensmut und Zuversicht. Hilf uns, daß wir das Lob deiner Barmherzigkeit nicht abbrechen lassen, daß wir das Freudvolle im Leben mit fröhlichen Stimmen besingen und den resignativen Tönen Gottvertrauen entgegensetzen.

**zur Reihe III:** Hosianna dem Sohne Davids! (Mt 21,14-17)
Allmächtiger Gott, dein Sohn hat uns die fröhlichen Kinder zum Vorbild hingestellt. Wir bitten dich um solch unverfälschtes Vertrauen, solche herzliche Dankbarkeit und unbeirrbare Zuversicht, wie sie Kinder haben können. Wehre allen, die nur das Negative herausstreichen, die dem Geist, der stets verneint, huldigen und Depressionen verbreiten. Laß uns auf dich schauen und öffne unsere Herzen und Lippen zum Lobgesang.

## KANTATE

**zur Reihe IV:** Kerkermeister in Philippi (Apg 16,23-34)
Allmächtiger Gott, Paulus und Silas konnten sogar hinter Gefängnismauern singen und dich loben. Um solche Kraft bitten wir dich, wenn wir in Bedrängnis geraten, wenn wir keinen Ausweg sehen und meinen, es habe doch alles keinen Sinn. Wenn wir fallen, laß du uns nicht fallen. Wenn uns die Kräfte versagen, dann versag du uns nicht deinen Beistand.

**zur Reihe V:** Die Erlösten (Jes 12,1-6)
Allmächtiger Gott, wir möchten auch so sprechen können: "Siehe, Gott ist mein Heil, ich bin sicher und fürchte mich nicht." So einfach ist das nicht. Immer wieder greifen Zweifel nach uns und wollen uns von dir trennen. Leiderfahrungen machen uns an dir irre. Wir bitten dich: Verwehre uns, daß wir dir Leid anlasten, das Menschen verursacht haben. Und wo Leid nicht von anderen Menschen kommt und uns unbegreiflich bleibt, da gib du uns die Kraft, es tapfer zu tragen.

**zur Reihe VI:** Das Lied des Lammes (Offbg 15,2-4)
Allmächtiger Gott, du weißt, wie leicht wir verzagen, wenn uns Schweres widerfährt. Mach uns fest im Vertrauen auf dich, mach uns stark in der Liebe und laß unsere Hoffnung nicht untergehen.

## FÜRBITTENGEBET

Herr, vielen Menschen fällt es schwer, dich zu loben. Ihnen drängen sich Klagen auf die Lippen. Sie fühlen sich von dir vergessen und klagen dich an. Herr, denke an die Mutlosen und Verzweifelten, die an Leib und Seele Kranken, an die Einsamen und Traurigen: Laß sie neuen Glauben finden und erwecke in ihnen Hoffnung. Und wo wir jemandem helfen können, da gib uns dir richtigen Worte, die hilfreichen Ideen, die ermutigende Tat. Du willst uns als deine Helfer. Durch uns willst du lebendig sein in dieser Welt. Laß nicht zu, daß wir uns verweigern, wo du uns brauchen kannst. Amen.

# ROGATE

**Wochenspruch:** Gelobt sei Gott, der mein Gebet nicht verwirft noch seine Güte von mir wendet.  Ps 66,2o

## PSALM

Kommt herzu, laßt uns dem Herrn frohlocken
und jauchzen dem Hort unsres Heils!

Laßt uns mit Danken vor sein Angesicht kommen
    und mit Psalmen ihm jauchzen!
(Denn nichts ist größer als Gott.
    Er hat alles in seinen Händen.)
In seiner Hand sind die Tiefen der Erde,
    und die Höhen der Berge sind auch sein.
Denn sein ist das Meer, und er hat's gemacht,
    und seine Hände haben das Trockene bereitet.
(Ob etwas hoch ist oder niedrig,
    bei ihm ist alles beschlossen.
Ob unsere Augen feucht sind oder trocken,
    er kann es bestimmen.)
Kommt, laßt uns anbeten und knien
    und niederfallen vor dem Herrn,
    der uns gemacht hat.
(Denn er ist unser Gott,
    er sorgt für uns wie ein Hirte für seine Schafe.)

Kommt herzu, laßt uns dem Herrn frohlocken
und jauchzen dem Hort unsres Heils!

nach Ps 95

# ROGATE

## KOLLEKTENGEBET

Jesus Christus, Herr und Bruder, du hast uns gelehrt, daß wir wie Kinder zu Gott, unserem Vater, beten dürfen. Wir bitten dich: Laß uns nicht müde werden im Gebet. Hilf, daß wir allezeit der Gegenwart Gottes gewiß sind. Wir bitten dich: Sei du unser Fürsprecher vor unserem Schöpfer, der du mit dem Vater in der Einheit des Heiligen Geistes lebst und regierst von Ewigkeit zu Ewigkeit. Amen.

## GEBET

**zur Reihe I:** Bittet in meinem Namen! (Jo 16,23-33)
Vater Jesu Christi, du hörst jedes Gebet, wenn du auch viele Gebete anders erhörst, als wir uns das wünschen. Schenke uns das Vertrauen zu dir, daß du besser weißt, was für uns gut ist. Laß uns nicht müde werden, dir zu danken, dich zu loben und zu preisen. Dann werden unsere Bitten wirkliche Bitten sein, die es dir überlassen, ob und wie du uns erhörst.

**zur Reihe II:** Das Gemeindegebet (1 Tim 2,1-6)
Vater Jesu Christi, du hast uns erlaubt, vor dich zu kommen mit dem, was uns erfreut und was uns Kummer macht. Du überträgst uns Verantwortung für das, was im privaten und öffentlichen Bereich geschieht. Du weißt, wie ohnmächtig wir uns oft fühlen. Wir bitten dich für alle, die in der Politik und Wirtschaft entscheiden müssen: Gib ihnen Weisheit und Mut zu tun, was uns allen nützt. Laß einen jeden von uns an seinem Platz seine Aufgaben erfüllen.

**zur Reihe III:** Der bittende Freund (Lk 11,5-13)
Vater Jesu Christi, wenn wir beten, sprechen wir unser Vertrauen zu dir aus. Im Gebet vollzieht sich unser Glaube. Ehe wir sprechen, weißt du schon unsere Gedanken, kennst du unsere Freude, aber auch unsere Ängste und Sorgen. Weil Liebe und Vertrauen ausgesprochen sein will und Ausdruck sucht, darum wenden wir uns zu dir im Gebet. Laß uns nicht müde werden zu beten. Laß unsere Liebe nicht erkalten.

## ROGATE

**zur Reihe IV:** Ermahnung zum Gebet (Kol 4,2-6)
Vater Jesu Christi, dein Sohn hat uns gewarnt, dich mit einem Automaten zu verwechseln, dir plappernd unsere Gebete wie Geld darzubieten, um Entlohnung einzufordern. Du willst Vertrauen. Du willst die Bitte, die dem Gebetenen die Freiheit läßt zu antworten, wie er es für richtig hält. Schenke uns das Vertrauen der Kinder, die den Eltern auch dann vertrauen, wenn diese nicht jede Bitte erfüllen.

**zur Reihe V:** Das Vaterunser (Mt 6,5-15)
Vater Jesu Christi, Jesus hat uns gelehrt, worum wir zuallererst beten sollen: daß dein Name groß werde, daß dein Reich komme und dein Wille nicht nur im Himmel, sondern auch unter uns geschehe. Erst dann sprach Jesus von unserem täglichen Brot, unserer Schuld, unserer Schwäche für Versuchungen und daß wir der Erlösung bedürfen. Herr, hilf uns, daß wir die Reihenfolge nicht vergessen, daß unsere Gebete zuerst und vor allem auf dich gerichtet sind.

**zur Reihe VI:** Fürbitte des Mose (Ex 32,7-14)
Vater Jesu Christi, wie Abraham für die Menschen in Sodom und Gomorrha um Gnade flehte, wie Mose fürbittend eintrat für sein Volk, das von dir abgefallen war am Sinai, so bitten auch wir dich für unsere Gemeinde und Kirche, für unseren Ort und unser Land, für die ganze Welt: Sei uns gnädig und verwirf uns nicht. Sieh nicht auf unsere Sünde, sondern auf die Liebe, die Jesus uns anbietet. Laß sie nicht vergeblich sein, sondern zum Ziel kommen.

## FÜRBITTENGEBET

Herr, mehr als ein Hut uns behüten kann, sei du uns Schutz und Schirm. Wie wohlwollende Augen leuchten und Zuneigung signalisieren, so laß du dein Angesicht über uns leuchten. Schau nicht im Zorn finster zur Erde, sondern erhebe dein Angesicht auf uns und schau uns freundlich an. Gib uns Frieden: mit uns selbst, mit anderen und vor allem mit dir. Laß uns unter deinem Segen in die neue Woche gehen und deiner Gegenwart gewiß sein. Amen.

## HIMMELFAHRT

**Spruch des Tages:** Christus spricht: Wenn ich erhöht werde von der Erde, so will ich alle zu mir ziehen.   Jo 12,32

### PSALM

Lobsinget, lobsinget Gott,
lobsinget, lobsinget unserm König!

Denn Gott ist König über die ganze Erde;
    lobsinget ihm mit Psalmen!
Gott ist König über die Völker,
    Gott sitzt auf seinem heiligen Thron.
(Er wacht über das Geschick der Seinen,
    ihr Wohlergehen liegt ihm am Herzen.
Seine Herrschaft besteht in Fürsorge,
    an Barmherzigkeit ist er reich.
Dies wissen wir durch Christus,
    der sitzt zur rechten Hand Gottes.)

Lobsinget, lobsinget Gott,
lobsinget, lobsinget unserm König!

nach Ps 47

# HIMMELFAHRT

## KOLLEKTENGEBET

Jesus Christus, Herr und Bruder, du bist in die Unsichtbarkeit des Vaters zurückgekehrt und hast deinen Jüngern deinen Geist hinterlassen. Wir bitten dich: Hilf uns, daß wir uns von deinem heiligen Geist erfassen, dich unseren Herrn sein lassen, der du mit dem Vater in der Einheit des Heiligen Geistes lebst und regierst von Ewigkeit zu Ewigkeit. Amen.

## GEBET

**zur Reihe I:** Jesu Himmelfahrt (Lk 24,44-53)
Gott, unser Vater, dein Sohn sitzt zu deiner Rechten. Er ist nicht an Raum und Zeit gebunden, sondern überall und allezeit wird er erfahren als der lebendige Herr. Wir haben Mühe, uns das vorzustellen und es in Bildern auszudrücken. Wir bitten dich: Laß uns nicht Anstoß nehmen an diesen Bildern, sondern erfülle uns mit deinem Geist, damit wir Jesus unseren Herrn sein lassen und seiner Leben-digkeit gewiß bleiben.

**zur Reihe II:** Himmelfahrt (Apg 1,3-11)
Gott, unser Vater, die Jünger wurden getadelt, weil sie dastanden und gen Himmel blickten, statt sich auf den Weg zu machen und es zu verkündigen, daß Jesus zu dir zurückgekehrt und unserem Sehen entzogen ist. Wir bitten dich: Erfülle uns mit deinem Geist, daß wir dich bezeugen mit unserem Reden und Tun, daß dein Herrsein erfahrbar wird.

**zur Reihe III:** Gebet Salomos (1 Kön 8,22-28)
Gott, unser Vater, immer wieder versuchen wir, dich festzumachen an einem Ort, dich festzulegen auf bestimmte Zeiten. Wir grenzen heilige Orte und heilige Zeiten aus, um dich als Herrn allen Raumes und aller Zeit zu ehren. Du bist überall und von Ewigkeit zu Ewigkeit. Und dein Sohn hat daran Anteil. Wir bitten dich: Hilf uns, daß wir dies bezeugen, daß wir mit deiner Gegenwart allezeit und überall rechnen und danach leben.

# HIMMELFAHRT

**zur Reihe IV:** Alle werden Jesus sehen (Offbg 1,4-8)
Gott, unser Vater, du bist das A und das O, der Anfang und das Ende, der da ist und der da war und der da kommt, der Allmächtige. Wir leben nur eine kurze Zeit. Wir leben an einem bestimmten Ort; wir sind gefangen von den Grenzen von Raum und Zeit. Du aber stehst darüber als der Herr. Du bist Begrenzungen entzogen. Du bist im Himmel - wie wir hilflos sagen, weil wir's nicht besser ausdrücken können. Wir bitten dich: Sei mit deinem Geist unter uns, damit wir dein Herrsein bezeugen können.

**zur Reihe V:** Jesus betet für die Seinen (Jo 17,2o-26)
Gott, unser Vater, du bist mit deinem Sohn, unserem Herrn und Bruder, eins. Jesus betete, daß wir untereinander eins sein mögen, damit die Welt glaube. Wir bekennen, daß wir mit daran schuldig sind, daß die Welt es schwer hat, an dich zu glauben. Denn noch immer feiern die Konfessionen an getrennten Tischen dein Mahl der Versöhnung. Wir richten Grenzen auf und treiben die ökumenischen Bemühungen kaum voran. Wir bitten dich: Hilf uns, daß wir mit dem Gebet deines Sohnes ernst machen.

**zur Reihe VI:** Jesus über allem (Eph 1,2o-23)
Gott, unser Vater, dein Sohn hat uns seinem Leibe einverleibt, uns zu Gliedern seiner Kirche gemacht. Wir bitten dich: Hilf uns, daß wir ihm, dem Haupt der Kirche, keine Schande bereiten, daß wir vielmehr tüchtige Glieder werden und ihm in der Nachfolge dienen.

## FÜRBITTENGEBET

Herr, du weißt, wie leicht wir verzagen, wie mächtig die Angst über uns kommt, wenn wir die Aufgaben sehen, die vor uns liegen. Probleme über Probleme häufen sich - in den Familien, im Beruf und in der Politik. Und doch dürfen wir in die neue Woche hineingehen in der Gewißheit: Du bist bei uns alle Tage, bis an der Welt Ende. Schenke uns die Geborgenheit, die wir brauchen, um ohne Panik, sondern sachlich die Probleme anzupacken. Versage uns nicht deine Hilfe. Amen.

# EXAUDI

**Wochenspruch:** Christus spricht: Wenn ich erhöht werde von der Erde, so will ich alle zu mir ziehen.    Joh 12,32

## PSALM

Herr, höre meine Stimme, wenn ich rufe;
sei mir gnädig und erhöre mich!

Der Herr ist mein Licht und mein Heil;
    vor wem sollte ich mich fürchten?
Der Herr ist meines Lebens Kraft;
    vor wem sollte mir grauen?
(Ich nehme dich, Gott, beim Wort:
    "Ihr sollt mein Antlitz suchen!"
So wende ich mich dir zu und appelliere:
    "Laß mich nicht zugrundegehen!")
Verbirg dein Antlitz nicht vor mir,
    verstoße nicht im Zorn deinen Knecht!
Denn du bist meine Hilfe; verlaß mich nicht
    und tu die Hand nicht von mir ab, Gott, mein Heil!
Denn mein Vater und meine Mutter verlassen mich,
    aber der Herr nimmt mich auf.
Harre des Herrn!
    sei getrost und unverzagt und harre des Herrn!

Herr, höre meine Stimme, wenn ich rufe;
sei mir gnädig und erhöre mich!

                                          nach Ps 27

# EXAUDI

## KOLLEKTENGEBET

Jesus Christus, Herr und Bruder, du hast deine Gemeinde nicht wie Waisenkinder ohne Trost zurückgelassen, sondern deinen Geist gesandt, der uns in alle Wahrheit leiten will. Wir bitten dich: Hilf uns, daß wir uns deinem Geist öffnen und ihn durch uns wirken lassen, der du mit dem Vater in der Einheit des Heiligen Geistes lebst und regierst von Ewigkeit zu Ewigkeit. Amen.

## GEBET

**zur Reihe I:** Der Tröster (Jo 15,26-16,4)
Herr, unser Gott, wir brauchen deinen Geist, den Tröster. Vieles in der Welt macht uns trostlos. Wir bitten dich um die Gegenwart deines Geistes. Öffne unsere Herzen, daß wir ihn wirklich gewärtigen, daß wir geistesgegenwärtig werden, wach für das, was du von uns erwartest. Befreie uns von dem, was uns an die Vergangenheit binden will. Befreie uns, daß wir dich an jedem neuen Tag erwarten, mit deiner Gegenwart rechnen und davon getragen werden.

**zur Reihe II:** Christus in den Herzen (Eph 3,14-21)
Herr, unser Gott, wo wir Jesus die Mitte unseres Lebens sein lassen, da braucht uns nicht bange zu sein vor den Dimensionen des Lebens - weder vor der Breite und Länge noch vor der Höhe und Tiefe. Sei du in unseren Herzen und bewege von dorther unsere Hände, daß wir dir dienen.

**zur Reihe III:** Wen dürstet, der komme! (Jo 7,37-39)
Herr, unser Gott, Jesus will, daß von denen, die an ihn glauben, Ströme des lebendigen Wassers fließen. Er selbst ist der Quell des Lebens, das Licht und das Brot der Welt. Durch uns will er sich austeilen, heilen, sättigen, helfen. Wir bitten dich: Erfülle uns mit dem Geist deiner Liebe und Barmherzigkeit, mache uns tüchtig zu deinem Werk.

## EXAUDI

**zur Reihe IV:** Der neue Bund (Jer 31,31-34)
Herr, unser Gott, ein neues Herz willst du uns geben, nicht ein steinernes, sondern eines aus Fleisch und Blut, das liebt und für andere schlägt. Wir wollen ein solches Herz, doch immer wieder sperren wir uns, wenn es konkret wird. Trägheit und Egoismus stehen deinem Wirken im Weg. Wir bitten dich: Zerbrich, was in uns wider dich streitet. Hilf uns, daß wir uns nicht schämen müssen, wenn wir uns nach deinem Sohn Christen nennen.

**zur Reihe V:** Verheißung des Geistes (Jo 14,15-19)
Herr, unser Gott, dein Sohn tritt für uns ein. Bei dir legt er ein gutes Wort für uns ein - mehr noch: Sein Leben hat er für uns eingesetzt. Er will uns trösten, daß wir uns nicht verloren vorkommen wie Waisenkinder. Wir bitten dich: Hilf uns, daß wir einander lieben, wie er uns geliebt hat; daß wir einander gelten lassen, wie er uns Geltung bei dir verschafft; daß wir einander ertragen, wie er uns trägt. Erfülle uns mit dem Geist deiner Barmherzigkeit.

**zur Reihe VI:** Wie wir beten sollen (Rö 8,26-30)
Herr, unser Gott, ehe wir zu dir beten, kennst du schon unsere Gedanken. Unsere Worte sind oft nur ein Gestammel. Wir danken dir, Herr, daß du weißt, wie wir es meinen, daß du besser siehst als wir selbst, was für uns gut ist. Dein Geist helfe unserer Schwachheit auf.

## FÜRBITTENGEBET

Herr, wir bitten dich für die Menschen, die sich in Schuld verstrickt haben: Laß sie einen neuen Anfang wagen. Wir bitten dich für alle, die an ihrem Schicksal zu zerbrechen drohen: Bewahre sie vor Bitterkeit. Laß sie neue Hoffnung finden. Wir bitten dich für die Ehepartner, die sich überworfen haben, die von gehässigen Gedanken und Gefühlen beherrscht werden: Laß sie herausfinden aus dem Teufelskreis von Vorwurf und Gegenvorwurf. Laß sie erkennen, daß Versöhnung besser ist, als recht behalten zu haben. Herr, du weißt, was einen jeden unter uns bedrückt. Laß uns nicht allein, sondern geleite uns in der neuen Woche. Amen.

## PFINGSTSONNTAG

**Wochenpsalm:** Es soll nicht durch Heer oder Kraft, sondern durch meinen Geist geschehen, spricht der Herr Zebaoth.

Sach 4,6

## PSALM

Dies ist der Tag, den der Herr macht;
laßt uns freuen und fröhlich an ihm sein.
O Herr, hlf! O Herr, laß wohlgelingen!

Der Herr ist Gott, der uns erleuchtet.
    Schmückt das Fest mit Maien bis an die Hörner
    des Altars!
(Laß gelingen, Herr, daß ich deinen Namen ehre,
    daß ich deinen Namen über alles hoch achte.)
Du bist mein Gott, und ich danke dir;
    mein Gott, ich will dich preisen.
(Laß mich deine Wahrheit erkennen;
    den Geist deiner Liebe erwecke in mir!
Dein Friede bestimme mein Tun;
    deine Barmherzigkeit stecke mich an!)
Danket dem Herrn; denn er ist freundlich,
    und seine Güte währet ewiglich.

Dies ist der Tag, den der Herr macht;
laßt uns freuen und fröhlich an ihm sein.
O Herr, hlf! O Herr, laß wohlgelingen!

nach Ps 118

# PFINGSTSONNTAG

## KOLLEKTENGEBET

Jesus Christus, Herr und Bruder, du hast den Heiligen Geist versprochen allen, die sich im Glauben zu dir wenden. Wir bitten dich: Erfülle uns mit deinem Geist, daß er uns helfe, dir nachzufolgen und Gott die Ehre zu geben, der du mit dem Vater in der Einheit des Heiligen Geistes lebst und regierst von Ewigkeit zu Ewigkeit. Amen.

## GEBET

**zur Reihe I:** Der Geist wird euch lehren! (Jo 14,23-27)
Gott, gütiger Vater, wir feiern heute nicht den Geburtstag der Kirche, sondern dich, den Schöpfer der Kirche. Ohne den Heiligen Geist bleibt die Liebe unter uns ohne Kraft. Ohne deinen Geist fällt unsere Hoffnung schnell wieder in sich zusammen. Ohne deinen Geist verkümmert unser Glaube zu Kleinglaube. Herr, entzünde in uns das Feuer deiner Liebe, stärke unsere Hoffnung, mache lebendig unseren Glauben.

**zur Reihe II:** Ausgießung des Geistes (Apg 2,1-18)
Gott, gütiger Vater, entfache unseren Glauben. Begeistere uns für deine Sache, daß auch wir Feuer und Flamme werden, durchglüht von deiner Liebe, bewegt von dem frischen Wind deines Geistes. Wehre aller Resignation, aller Verzagtheit und aller Müdigkeit. Hilf, daß wir dem Geist, der stets verneint, absagen und dir trauen, der du das Leben und die Liebe und die Freude willst.

**zur Reihe III:** In alle Wahrheit leiten (Jo 16,5-15)
Gott, gütiger Vater, es tröstet uns, daß nicht wir deine Kirche erhalten müssen, sondern daß du selbst für sie sorgst. Du hast uns den Geist der Wahrheit versprochen. Du weißt, wie unsicher wir oft unserer Sache sind, wie sehr wir hin- und hergerissen werden zwischen den vielen Meinungen. Wir bitten dich: Mache wahr, was du versprochen hast, daß dein guter Geist uns in alle Wahrheit leiten wird.

# PFINGSTSONNTAG

**zur Reihe IV:** Geist aus Gott (1 Kor 2,12-16)
Gott, gütiger Vater, der Geist dieser Welt sagt, es habe doch alles keinen Sinn; mit dem Tod sei alles aus; von dir sei nichts zu spüren. Dein Geist aber versichert uns: Du wirst uns und die Welt zu deinem Ziel führen; der Tod ist entmachtet; wir werden dein Antlitz schauen. Wir bitten dich: Lehre uns, auf deinen Geist horchen und ihm vertrauen.

**zur Reihe V:** Die siebzig Ältesten (Lev 11,11-25)
Gott, gütiger Vater, du hast uns zu einer Gemeinschaft zusammengeführt, damit nicht jeder die ganze Last alleine tragen muß, sondern wir sie auf viele Schultern verteilen können. Einen jeden hast du mit besonderen Gaben beschenkt. Hilf, daß wir in den Gaben auch die Aufgaben erkennen, vor die du uns stellt. Laß uns das Unsrige tun und ohne Neid auf andere schauen. Laß uns deine Gemeinde sein.

**zur Reihe VI:** Geistlich durch Christus (Rö 8,1-11)
Gott, gütiger Vater, dein Geist will in uns wohnen. Doch du weißt, wie oft wir ihm widerstreben, dem Geist des Friedens und der Barmherzigkeit, dem Geist der Liebe und der Sanftmut. Wir bitten dich: Komm ins uns wohnen, damit wir menschlicher werden, und die Welt ein freundlicheres Gesicht erhält.

## FÜRBITTENGEBET

Jesus Christus, Sohn des Vaters, du hast uns den Geist versprochen, der alle unsere Müdigkeit überwindet, der uns herausreißt aus Verzagtheit und Resignation. Wir bitten dich um diesen Geist, der uns ins Weite führt, der uns Aussichten eröffnet, unsere Phantasie beflügelt, unserer Hoffnung Auftrieb gibt. Wir bitten dich: Stärke in deiner Gemeinde alle, deren Liebe zu dir erkaltet ist; wehre allen, die Unfrieden stiften; zeige Wege auf, wie die Konfessionsgrenzen überwunden werden können. Bringe du Bewegung und frischen Wind in deine Kirche - hier und überall. Amen.

## PFINGSTMONTAG

**Wochenpsalm:** Es soll nicht durch Heer oder Kraft, sondern durch meinen Geist geschehen, spricht der Herr Zebaoth.

Sach 4,6

## PSALM

Jauchzet dem Herrn, alle Welt!
Dienet dem Herrn mit Freuden!

Kommt vor sein Angsicht mit Frohlocken!
    Erkennet, daß der Herr Gott ist!
Er hat uns gemacht und nicht wir selbst
    zu seinem Volk und zu Schafen seiner Weide.
(Ihm verdankt ihr, daß ihr seid;
    alles Dasein kommt von ihm.
Nicht ihr habt Gott erwählt,
    sondern Gott hat euch erwählt!)
Gehet zu seinen Toren ein mit Danken,
    zu seinen Vorhöfen mit Loben;
danket ihm, lobet seinen Namen!
(Denn Danken weitet das Herz,
    hält Verbindungen am Leben.
Mit Lobgesängen wendet euch Gott zu,
    denn er wendet sich nicht von euch ab.)
Denn der Herr ist freundlich,
    und seine Gnade währet ewig
    und seine Wahrheit für und für.

Jauchzet dem Herrn, alle Welt!
Dienet dem Herrn mit Freuden!

nach Ps 1oo

# PFINGSTMONTAG

## KOLLEKTENGEBET

Jesus Christus, Herr und Bruder, du hast den Heiligen Geist versprochen allen, die sich dir im Glauben öffnen. Wir bitten dich: Laß deinen Geist in und an uns wirken, damit wir deine Zeugen sind, der du mit dem Vater in der Einheit des Heiligen Geistes lebst und regierst von Ewigkeit zu Ewigkeit. Amen.

## GEBET

**zur Reihe I:** Das Bekenntnis des Petrus (Mt 16,13-19)
Himmlischer Vater, Petrus bekannte sich zu deinem Sohn. Und auf diesen Glauben hat Christus seine Kirche gegründet. Wir danken dir, daß du ihr die Verheißung gegeben hast, daß die Hölle sie nicht überwinden wird. Wir bitten dich: Sieh nicht an unseren schwachen Glauben, unsere halbherzige Liebe, unsere wankelmütige Hoffnung, sondern schau, wie teuer dein Sohn uns erkauft hat. Um seines Namens willen erhalte deine Kirche.

**zur Reihe II:** Die geistlichen Gaben (1 Kor 12,4-11)
Himmlischer Vater, mit vielen Gaben hast du uns gesegnet. Du willst, daß wir einander ergänzen, daß wir einander als gleichwertige Glieder an deinem Leibe achten. Wir bitten dich: Wehre allen, die Zwietracht in der Gemeinde säen. Laß nicht zu, daß sich einer über den anderen erhebt. Hilf uns zur Geschwisterlichkeit der Verschiedenen.

**zur Reihe III:** Turmbau zu Babel (Gen 11,1-9)
Himmlischer Vater, wo einer größer, mächtiger, bedeutsamer sein will als die anderen, da wird die Gemeinschaft zerstört; da fangen wir an, in verschiedenen Sprachen zu reden; da verstehen wir uns nicht mehr und laufen auseinander. Du, Herr, sollst unsere Mitte sein, uns zusammenhalten und einen jeden vor Übermut und Selbstüberschätzung bewahren. Hilf, daß unsere Türme nicht in den Himmel wachsen, und wir somit an der Hölle bauen. Halte uns als Brüder und Schwestern, als deine Kinder, verbunden.

## PFINGSTMONTAG

**zur Reihe IV:** Erbauung der Gemeinde (Eph 4,11-16)
Himmlischer Vater, nicht jeder kann alles. Wir sind keine Einheitsmenschen, sondern einen jedem hast du besondere Gaben gegeben. Wir bitten dich: Laß einen jeden unter uns seine Aufgabe in der Gemeinde finden als Beter oder Mitarbeiter, in der Diakonie oder Verkündigung, in stiller oder öffentlicher Tätigkeit. Hilf, daß wir gemeinsam wirken zur Ehre deines Namens.

**zur Reihe V:** Anbetung - wo und wie? (Jo 4,19-26)
Himmlischer Vater, nicht nur die Orte sind verschieden, an denen wir dich anbeten dürfen. Auch die Art und Weise, wie wir es tun, kann unterschiedlich sein. Hilf, daß die kulturell und geschichtlich bedingten Formen unserer Frömmigkeit nicht zu Mauern werden, mit denen wir uns von anderen abgrenzen. Laß dir das Lob gefallen, das wir dir bringen, und laß uns weitherzig sein, wenn andere dich in anderer Weise, aber nicht weniger innig lieben.

**zur Reihe VI:** Pfingstpredigt des Petrus (Apg 2,22-39)
Himmlischer Vater, damals ging es den Zuhörern durchs Herz, als die Apostel predigten, so daß sie fragten, was sie tun sollten. Wir bitten dich: Laß dein Wort auch heute so mächtig sein, daß es Menschen trifft und verändert, daß es sie zur Umkehr bringt und einen Neuanfang mit dir wagen läßt.

## FÜRBITTENGEBET

Herr, du suchst unseren Glauben. Du willst, daß wir dir im Leben und im Sterben vertrauen. Durch Jesus hast du uns gelehrt, was es bedeutet, allezeit und überall mit deiner Gegenwart zu rechnen. Herr, schenke uns solchen Glauben, damit wir geborgen sind, was immer auch kommen mag. Du hast uns versprochen, bei uns zu sein. So bitten wir dich: Laß uns von deiner Nähe getragen sein und laß uns die Zeichen deines Wirkens erkennen. Dir befehlen wir uns an mit allen unseren Lieben. Amen.

## TRINITATIS

**Wochenspruch:** Heilig, heilig, heilig ist der Herr Zebaoth; alle Lande sind seiner Ehre voll!           Jes 6,3

### PSALM

Ich will dich erheben, mein Gott, du König,
    und deinen Namen loben immer und ewiglich.

Ich will dich täglich loben
    und deinen Namen rühmen immer und ewiglich.
Der Herr ist groß und sehr zu loben,
    und seine Größe ist unausforschlich.
(Jenseits aller Vorstellungskraft
    ist Gottes Größe und Weisheit.
In Ehrfurcht wollen wir danken,
    daß er sich uns zugewandt hat.)
Kindeskinder werden seine Werke preisen
    und seine gewaltigen Taten verkündigen.
Gnädig und barmherzig ist der Herr,
    geduldig und von großer Güte.
Es sollen dir danken, Herr, alle deine Werke
    und deine Heiligen dich loben.
Dein Reich ist ein ewiges Reich,
    und deine Herrschaft währet für und für.

Ich will dich erheben, mein Gott, du König,
    und deinen Namen loben immer und ewiglich.

                                      nach Ps 145

# TRINITATIS

## KOLLEKTENGEBET

Jesus Christus, Herr und Bruder, du hast uns, die wir von Gott, unserem Schöpfer, abgefallen sind, erlöst durch dein Kreuz. Durch den Heiligen Geist willst du uns heiligen. Wir bitten dich, überwinde allen Widerstand in uns, daß wir zu Recht deinen Namen tragen, der du mit dem Vater in der Einheit des Heiligen Geistes lebst und regierst von Ewigkeit zu Ewigkeit. Amen.

## GEBET

**zur Reihe I:** Jesus und Nikodemus (Jo 3,1-15)
Gott, gütiger Vater, du kennst unser verzagtes Herz. Die Hoffnung droht in uns zu verlöschen, wenn du uns nicht immer wieder Mut machst, alles von dir zu erwarten. Hilf uns festhalten an dem Bekenntnis der Hoffnung und laß uns nicht wanken. Gib, daß wir uns gegenseitig ermutigen, daß die Liebe unter uns nicht erlahmt.

**zur Reihe II:** Welch' Tiefe des Reichtums! (Rö 11,32-36)
Gott, gütiger Vater, wir können deine Größe nicht ermessen. Deine Wege sind uns zu hoch. Doch wollen wir deiner Güte vertrauen und uns bergen in deiner Barmherzigkeit. Denn von dir und durch dich und zu dir hin ist alles, was da ist. Wir wollen uns einfügen in die Reihe derer, die deinen Namen preisen.

**zur Reihe III:** Berufung Jesajas (Jes 6,1-13)
Gott, gütiger Vater, alle Bilder, die wir uns von dir machen, sind nur schwache Abbilder deiner Größe und Herrlichkeit. Auch Jesaja konnte nur einen Saumzipfel deines Gewandes sehen und ging vor dir in die Knie. Hilf uns, daß wir mit vollem Herzen einstimmen können in das Dreimalheilig; daß wir uns im Lobpreis mit allen vereinen, die uns vorangegangen sind im Glauben, und mit denen, die uns noch folgen werden.

# TRINITATIS

**zur Reihe IV:** Gelobt sei Gott! (Eph 1,3-14)
Gott, gütiger Vater, wir müssen uns nicht um deine Väterlichkeit sorgen. Du erklärst uns zu deinen Kindern. Wir müssen unsere Erlösung nicht mühsam erwirken. Durch die Mühe deines Sohnes am Kreuz ist sie uns erwirkt. Nicht wir müssen den Tod besiegen und überwinden. Dein Sohn hat ihn besiegt und uns das Leben bei dir, Gott, verheißen. Hilf uns, dein Geschenk anzunehmen und uns seiner würdig zu erweisen.

**zur Reihe V:** Der Aaronitische Segen (Lev 6,22-27)
Gott, gütiger Vater, mehr als ein Hut uns behütet, sei du uns Schutz und Schirm. Wie wohlwollende Augen leuchten und Zuneigung signalisieren, so laß du dein Angesicht über uns leuchten. Schau nicht im Zorn finster zur Erde, sondern erhebe dein Angesicht auf uns und schau uns freundlich an. Gib uns Frieden: mit uns selbst, mit anderen und vor allem mit dir. Laß uns unter deinem Segen in die neue Woche gehen und deiner Gegenwart gewiß sein.

**zur Reihe VI:** Haltet Frieden! (2 Kor 13,11-13)
Gott, gütiger Vater, du willst, daß wir einander ermahnen, einmütig sind und Frieden miteinander halten. Du weißt, wie wenig uns das gelingt, wie leicht wir einander verletzten und zugrunderichten statt aufzurichten. Wir bitten dich um deinen Geist des Friedens und der Liebe. Laß die Gnade unter uns erfahrbar werden, damit Liebe sich ausbreite und unsere Gemeinschaft gestärkt werde.

## FÜRBITTENGEBET

Herr Jesus Christus, wir bitten dich für die Menschen, deren Gemüt verfinstert ist, die von bösen Gedanken gequält werden, die keinen Lebensmut haben. Wir bitten dich für die Kranken, die ohne Hoffnung sind, für die Alten, denen ihr Leben zur Last geworden ist: Sei du ihnen Trost und gib ihnen täglich die Kraft, die sie brauchen. Und wenn wir jemandem helfen können, dann laß es nicht zu, daß wir die Augen davor verschließen, sondern gib zu unserem guten Wollen das Vollbringen. Amen.

## 1. SONNTAG NACH TRINITATIS

**Wochenspruch:** Christus spricht zu seinen Jüngern: Wer euch hört, der hört mich; und wer euch verachtet, der verachtet mich.
Lk 10,16

### PSALM

Schmecket und sehet, wie freundlich der Herr ist.
Wohl dem, der auf ihn trauet!

Ich will den Herrn loben allezeit;
    sein Lob soll immerdar in meinem Munde sein.
Meine Seele soll sich rühmen des Herrn,
    daß es die Elenden hören und sich freuen.
Preiset mit mir den Herrn
    und laßt uns miteinander seinen Namen erhöhen!
(Mein Gotteslob soll anstecken alle,
    die niedergeschlagen sind.)
Als ich den Herrn suchte, antwortete er mir
    und errettete mich aus aller meiner Furcht.
Der Engel des Herrn lagert sich um die her,
die ihn fürchten,
    und hilft ihnen heraus.
Reiche müssen darben und hungern;
    aber die den Herrn suchen,
    haben keinen Mangel an irgendeinem Gut.
(Irdisches Gut befriedigt nicht auf Dauer,
    aber Ehrfurcht vor Gott macht Mangel erträglich.)

Schmecket und sehet, wie freundlich der Herr ist.
Wohl dem, der auf ihn trauet!

nach Ps 34

# 1. SONNTAG NACH TRINITATIS

## KOLLEKTENGEBET

Jesus Christus, Herr und Bruder, du hast deine Jünger und Apostel ausgesandt, deine frohe Botschaft in alle Welt zu tragen. Wir bitten dich: Gib allen deinen Zeugen Glaubensstärke und Bekennermut. Gib ihnen gute Einfälle und schenke ihnen Ausdauer, damit sie dein Herrsein bekannt machen, der du mit dem Vater in der Einheit des Heiligen Geistes lebst und regierst von Ewigkeit zu Ewigkeit. Amen.

## GEBET

**zur Reihe I:** Reicher Mann und Lazarus (Lk 16,19-31)
Allmächtiger Gott, du zwingst nicht mit Beweisen. Du suchst unser Vertrauen. Du willst, daß wir deinem Wort vertrauen. Herr, hilf uns, daß wir durch menschliche Worte dein Wort vernehmen; daß wir in dem, was uns widerfährt, deine Spuren entdecken; daß wir in dem Menschen Jesus deinen Sohn, den Christus, erkennen und als Heiland annehmen.

**zur Reihe II:** Gott hat uns zuerst geliebt (1 Jo 4,16-21)
Allmächtiger Gott, ein Leben ohne Liebe und Barmherzigkeit, eine Welt ohne Vergebung und Nächstenliebe - das wäre die Hölle. Du hast uns deinen Sohn gesandt und damit dein Reich anschaulich gemacht. Wir bitten dich: Laß deine Liebe zu uns Frucht bringen in der Liebe untereinander. Laß die Liebe zu dir und zu unserem Nächsten eins sein.

**zur Reihe III:** Die Schrift zeugt von ihm (Jo 5,39-47)
Allmächtiger Gott, du redest zu uns durch die heilige Schrift. Hilf, daß wir dich nicht mit diesem Buch verwechseln; daß wir an dich glauben und nicht an ein Buch; daß wir Gefäß und Inhalt nicht vertauschen. Rede du so zu uns, daß wir deine Stimme klar heraushören aus den vielen Worten, aus den vielen Schriften, aus den vielen Zeugnissen des Glaubens. Laß auch uns ein klares Bekenntnis zu dir sprechen.

## 1. SONNTAG NACH TRINITATIS

**zur Reihe IV:** Sein Wort ist wie Feuer (Jer 23,16-29)
Allmächtiger Gott, du bist nicht nur nahe. Du bist uns manchmal auch sehr fern. Wir können an deinem Schweigen zerbrechen. Dein Wort ist nicht nur tröstlich, sondern es kann uns auch treffen wie ein Hammer. Aber in alledem suchst du uns und willst unser Bestes. Wir bitten dich: Laß uns dich erkennen in Freud und Leid, in guten und in bösen Tagen, in deinem vergebenden und in deinem richtenden Wort. Wir möchten dir trauen und uns dir anvertrauen.

**zur Reihe V:** Wie Schafe ohne Hirten (Mt 9,35-1o,7)
Allmächtiger Gott, wir danken dir, daß du uns erträgst mit unseren Schwachheiten und Halbherzigkeiten in der Nachfolge, daß du dich unser annimmst als der gute Hirte. Wir bitten dich: Stärke unseren Glauben. Fach an das Feuer der Liebe. Erwecke in uns neue Hoffnung, damit wir uns nicht schämen müssen, uns nach deinem Sohn Christen zu nennen.

**zur Reihe VI:** "Höre, Israel!" (Deut 6,4-9)
Allmächtiger Gott, auch wir brauchen Erinnerungszeichen, Denkmale und fromme Sitten, die uns an dich erinnern und an das, was du für uns getan hast in deinem Sohn. Wir bitten dich: Beantworte unsere Vergeßlichkeit nicht damit, daß du uns aus deinem Gedächtnis streichst. Hilf uns, daß wir uns stets unserer Taufe erinnern und uns im Abendmahl deiner Liebe vergewissern.

### FÜRBITTENGEBET

Herr Jesus Christus, durch die Taufe sind wir mit dir verbunden. Du hast uns angenommen, ohne Bedingungen zu stellen. Du hast uns deine Liebe zugesichert, ohne dich uns gegenüber abzusichern. Du hast uns deine Treue zugesagt, obwohl du um unsere Untreue weißt. Wir bitten dich, stecke uns an mit deiner Liebe, damit auch wir Liebe wagen, wo Skepsis und Mißtrauen am Platze wären, daß wir treu bleiben, auch wenn wir enttäuscht werden. Herr, laß unsere Liebe aus deiner Liebe Kraft gewinnen. Amen.

## 2. SONNTAG NACH TRINITATIS

**Wochenspruch:** Christus spricht: Kommt her zu mir, alle, die ihr mühselig und beladen seid; ich will euch erquicken.

Mt 11,28

### PSALM

Herr, deine Güte reicht, so weit der Himmel ist,
und deine Wahrheit, so weit die Wolken gehen.

Deine Gerechtigkeit steht wie die Berge Gottes
und deine Rechte wie die große Tiefe.
    Herr, du hilfst Menschen und Tieren.
Wie köstlich ist deine Güte, Gott,
    daß Menschenkinder unter dem Schatten deiner Flügel
    Zuflucht haben!
(Niemand kann Gottes Güte kaufen,
    denn über alles kostbar ist sie.
Unbezahlbar ist es,
    in Gott geborgen zu sein.
Gott stärkt uns mit dem,
    was wir zum Leben brauchen.
Er ist die Quelle des Lebens;
    durch ihn erstrahlt alles in einem neuen Licht.)
Breite deine Güte über die, die dich kennen,
    und deine Gerechtigkeit über die Frommen.

Herr, deine Güte reicht, so weit der Himmel ist,
und deine Wahrheit, so weit die Wolken gehen.

nach Ps 36

## 2. SONNTAG NACH TRINITATIS

### KOLLEKTENGEBET

Jesus Christus, Herr und Bruder, du rufst zu dir, die nicht mehr weiter wissen, die mutlos sind und ohne Kraft. Wir bitten dich: Richte sie auf, gib ihnen durch dein Wort und Sakrament und durch unsere Liebe zu ihnen die Hilfe, die sie brauchen, der du mit dem Vater in der Einheit des Heiligen Geistes lebst und regierst von Ewigkeit zu Ewigkeit. Amen.

### GEBET

**zur Reihe I:** Das große Abendmahl (Lk 14,15-24)
Vater Jesu Christi, mit Entschuldigungen sind wir schnell bei der Hand. Was nicht alles vermag uns abzuhalten, deinem Ruf zu folgen, deine Einladung anzunehmen! Wir bitten dich: Hilf, daß wir uns nicht an Vergängliches klammern - sei es Besitz, Macht oder Geschlechtlichkeit. Laß uns darüber hinausschauen und den Ruf in deine Gemeinschaft nicht überhören, sondern ihm froh folgen.

**zur Reihe II:** Gottes Hausgenossen (Eph 2,17-22)
Vater Jesu Christi, du sammelst uns zu deiner Gemeinde. Mit deinem Geist willst du unter uns wohnen. Deine Kirche soll sich mit Recht Gotteshaus nennen dürfen. Wir bitten dich: Hilf uns, daß wir uns dir öffnen, daß dein guter Geist unter uns spürbar wird in der Weise, wie wir miteinander umgehen, wie wir uns für andere einsetzen und dich loben und preisen.

**zur Reihe III:** Die königliche Hochzeit (Mt 22,1-14)
Vater Jesu Christi, du hast uns bei unserer Taufe ein hochzeitliches Gewand angelegt. Du hast uns mit deiner Liebe überkleidet. Wir bitten dich: Hilf uns, daß wir deinem Namen keine Schande bereiten, daß wir uns nicht zu Unrecht mit dem Namen deines Sohnes schmücken, sondern ihm nachfolgen. Laß uns deine Zeugen sein und dir die Ehre geben.

## 2. SONNTAG NACH TRINITATIS

**zur Reihe IV:** Vernünftiges Reden (1 Kor 14,1-25)
Vater Jesu Christi, du willst, daß alle Menschen deinen Sohn als ihren Herrn und Heiland erkennen. Wir bitten dich: Öffne uns die Augen für dein Wirken. Laß uns deine Stimme aus den vielen Stimmen, die auf uns eindringen, heraushören. Und wo du uns als deine Zeugen haben willst, da gib uns die rechten Worte, daß wir für dich eintreten.

**zur Reihe V:** Höret, um zu leben! (Jes 55,1-5)
Vater Jesu Christi, dein Wort will unsere Speise sein. Du willst unseren Lebensdurst stillen. Wir bitten dich: Gib deinem Wort unter uns Kraft, daß es uns Geborgenheit gebe, daß es uns Zukunft eröffne und uns tröste, wenn wir verzagen. Mach uns gewiß, daß du uns alles geben kannst, was wir zum Leben brauchen. Sei du uns das tägliche Brot und die Quelle zum Leben.

**zur Reihe VI:** Allen alles werden! (1 Kor 9,16-23)
Vater Jesu Christi, du gehst uns nach und suchst einen jeden von uns auf einmalige Weise. Wir bitten dich: Komm und mach uns deiner gewiß. Hilf uns, aus deiner Liebe zu leben, damit wir - von dir begnadigt - anderen gnädig werden; damit wir - von dir getragen - andere zu tragen lernen; damit wir - von dir gerufen - die Antwort der Liebe nicht schuldig bleiben.

## FÜRBITTENGEBET

Herr, wir denken an die Traurigen und Mutlosen, an die Kranken und Verletzten, an die Hungernden und Unterdrückten, an die Krisengebiete dieser Welt. Gib uns offene Augen, daß wir merken, wo jemand gerade auf unsere Hilfe wartet. Öffne uns die Ohren, daß wir die stillen oder lauten Rufe um Hilfe vernehmen und das rechte Wort finden und die hilfreiche Tat. Laß uns nicht träge sein. Wehre Ausflüchte ab. Hilf uns, daß wir deinem heilsamen Willen nicht im Wege stehen, sondern bereit werden, deine Hände und Füße, deine Augen und Lippen in dieser Welt zu sein. Amen.

# 3. SONNTAG NACH TRINITATIS

**Wochenspruch:** Der Menschensohn ist gekommen, zu suchen und selig zu machen, was verloren ist.　　　　Lk 19,1o

## PSALM

Wie sich ein Vater über Kinder erbarmt,
so erbarmt sich der Herr über die, die ihn fürchten.

Lobe den Herrn, meine Seele,
    und was in mir ist, seinen heiligen Namen!
Lobe den Herrn, meine Seele,
    und vergiß nicht, was er dir Gutes getan hat:
der dir alle deine Sünde vergibt
    und heilet alle deine Gebrechen,
der dein Leben vom Verderben erlöst,
    der dich krönet mit Gnade und Barmherzigkeit.
(Er zahlt mein Versagen nicht heim,
    rechnet meine Sünden nicht auf.)
Barmherzig und gnädig ist der Herr,
    geduldig und von großer Güte.
Denn so hoch der Himmel über der Erde ist,
    läßt er seine Gnade walten über denen,
    die ihn fürchten.
So fern der Morgen ist vom Abend,
    läßt er unsre Übertretungen von uns sein.
(So schnell der Tag wechselt um Mitternacht,
    so schnell vergibt Gott denen, die ihm vertrauen.)

Wie sich ein Vater über Kinder erbarmt,
so erbarmt sich der Herr über die, die ihn fürchten.

                                  nach Ps 1o3

## 3. SONNTAG NACH TRINITATIS

## KOLLEKTENGEBET

Jesus Christus, Herr und Bruder, du bist gekommen, uns mit dem Vater zu versöhnen. Wir danken dir dafür. Wir bitten dich: Laß uns als Versöhnte Versöhnung stiften. Hilf uns, als Begnadigte Gnade walten zu lassen. Wir bitten dich, der du mit dem Vater in der Einheit des Heiligen Geistes lebst und regierst von Ewigkeit zu Ewigkeit. Amen.

## GEBET

**zur Reihe I:** Vom Verlorenen (Lk 15,1-1o)
Gott, unser Vater, du gehst uns nach und suchst uns durch die Liebe deines Sohnes. Du hast in der Taufe deine Hand auf uns gelegt, damit uns nichts aus deiner Hand reißen kann. Wir danken dir, daß deine Arme auch dann noch ausgestreckt bleiben, wenn wir dir davonlaufen. Zu dir dürfen wir jederzeit zurückkehren. Herr, hole uns immer wieder in deine Arme zurück, wenn wir in die Irre gehen.

**zur Reihe II:** Um Sünder zu retten (1 Tim 1,12-17)
Gott, unser Vater, es tröstet uns, daß viele der großen Männer der Bibel keine Übermenschen waren. Sie hatten Fehler wie wir. Wir danken dir, daß du nicht auf unsere Schuld schaust, sondern auf die Liebe, die dein Sohn uns erwiesen hat. Hilf uns, im Glauben treuer, in der Liebe ausdauernder und in der Hoffnung unerschütterlicher zu werden.

**zur Reihe III:** Der verlorene Sohn (Lk 15,1-32)
Gott, unser Vater, wie oft verhalten wir uns wie jener verlorene Sohn und behandeln dich, als seist du gestorben. Wir meinen, nach dir und deinem Willen nicht fragen zu müssen. Wir verwechseln das mit der großen Freiheit, die letztlich nichts anderes ist, als der Sklave des eigenen Ichs zu sein. Herr, laufe du uns entgegen, wenn wir uns von dir getrennt haben. Hole uns zurück in deine Barmherzigkeit.

## 3. SONNTAG NACH TRINITATIS

**zur Reihe IV:** Leben im Licht (1 Jo 1,5-2,6)
Gott, unser Vater, wir belügen uns oft selbst und verdrängen den Schatten, der uns doch stets auf den Fersen ist. Wir bitten dich: Laß uns beichten, nämlich zu unserem Ich stehen, denn du verwirfst uns nicht. Laß uns aus deiner Vergebung leben. Weil du ja zu uns sagst, dürfen wir uns auch bejahen. Wir danken dir, daß wir uns nicht verachten müssen. Wir sind dir das Leiden deines Sohnes wert. Das Kreuz Christi verbürgt es uns. Hab Dank, Herr.

**zur Reihe V:** Zachäus (Lk 19,1-1o)
Gott, unser Vater, dein Sohn übersah nicht den kleinen Zachäus, den großen Sünder. Ein neues Leben wurde ihm eröffnet. Zachäus ließ sich herausrufen aus alten Fesseln. Herr, wir bitten dich: Mach auch uns frei von dem, was uns bindet. Halte uns verbunden mit dir.

**zur Reihe VI:** Bekehret euch! (Hes 18,1-32)
Gott, unser Vater, du trägst nicht nach, wo echte Reue ist. Du hast keinen Gefallen am Tod der Sünder. Aber du bist ein Feind der Sünde. Wir bitten dich: Hilf, daß wir umkehren, denn der Weg zurück zu dir ist immer ein Weg nach vorn in die Freiheit, in die offene Zukunft, deinem Reich entgegen.

## FÜRBITTENGEBET

Herr, bewahre uns davor, daß wir hart und ungerecht werden, daß wir uns über andere erheben, uns abgrenzen und entrüsten. Gib, daß sich jeder in unserer Gemeinschaft wohl fühlt, sich angenommen und geachtet weiß. Wehre allen, die Zwietracht säen. Laß die, die sich stark im Glauben fühlen, dankbar sein. Und laß jene, die sich schwach im Glauben fühlen, Hilfe finden in der Gemeinde. Herr, du trägst uns, laß uns einander ertragen. Du hast Geduld mit uns, gib uns Geduld füreinander. Du bist barmherzig, steck uns an mit deiner Barmherzigkeit. Du hast ein weites Herz, in dem auch wir einen Platz finden. Gib auch uns ein weites Herz für andere. Amen.

## 4. SONNTAG NACH TRINITATIS

**Wochenspruch:** Einer trage des andern Last, so werdet ihr das Gesetz Christi erfüllen.                                     Gal 6,2

### PSALM

Meine Seele dürstet nach Gott, nach dem lebendigen Gott.
Wann werde ich dahin kommen, daß ich Gottes Angesicht schaue?

Wie der Hirsch lechzt nach frischem Wasser,
    so schreit meine Seele, Gott, zu dir.
Meine Tränen sind meine Speise Tag und Nacht,
    weil man täglich zu mir sagt: Wo ist nun dein Gott?
(Zweifel plagen mich,
    und düstere Gedanken bedrängen mein Gemüt.)
Was betrübst du dich, meine Seele,
    und bist so unruhig in mir?
Harre auf Gott; denn ich werde ihm noch danken,
    daß er meines Angesichts Hilfe und mein Gott ist.
(Ich will mich erinnern der guten Tage,
    als es mir leicht fiel, den Herrn zu loben.
Ich will neu Zuversicht fassen
    und mich in die Arme Gottes werfen.)

Meine Seele dürstet nach Gott, nach dem lebendigen Gott.
Wann werde ich dahin kommen, daß ich Gottes Angesicht schaue?

                                                       nach Ps 42

## 4. SONNTAG NACH TRINITATIS

### KOLLEKTENGEBET

Jesus Christus, Herr und Bruder, du nimmst uns die Lasten ab, die unser Gewissen beschweren. Wir sind dir eine Last, aber nicht lästig. Wir bitten dich: Mache auch uns zu Lastenträgern, daß wir einander entlasten, einander tragen, ertragen und uns auch vertragen. Laß uns dir nachfolgen in der Liebe, der du mit dem Vater in der Einheit des Heiligen Geistes lebst und regierst von Ewigkeit zu Ewigkeit. Amen.

### GEBET

**zur Reihe I:** Splitter und Balken (Lk 6,36-42)
Herr, unser Gott, einige Finger der Hand, mit der wir auf andere zeigen, zeigen immer zurück auf uns selbst. Keiner ist ohne Schuld. Wir bitten dich: Laß uns gnädig miteinander umgehen, daß wir zurechtweisen, aber nicht abweisen; daß wir einander sagen, was zu sagen ist, aber nicht abrichten, sondern aufrichten. Laß uns barmherzig sein, wie du barmherzig bist.

**zur Reihe II:** Was richtest du den Bruder? (Rö 14,1o-13)
Herr, unser Gott, wir bitten dich um den Frieden, der höher ist als alle Vernunft, um Frieden in der Gemeinde, in den Familien und in der Nachbarschaft, an unserem Ort und weltweit. Wo du uns brauchen kannst, für ein besseres Klima zu sorgen, vergiftete Atmosphäre zu vertreiben, um Brücken zu bauen, da mache du uns tüchtig und phantasievoll und laß unser Tun gelingen.

**zur Reihe III:** Gottes seltsame Wege (Gen 5o,15-21)
Herr, unser Gott, es ist schwer, auf Rache zu verzichten und darauf zu vertrauen, daß das Unrecht, das uns geschieht, doch einem guten Zweck dienen muß - wie bei Josef. Wir danken dir, Herr, daß du nicht mit uns umgehst nach dem Prinzip "Auge um Auge, Zahn um Zahn"! Was hätten wir dann zu erwarten? Wir danken dir, daß deine Liebe größer ist als dein Zorn. Nimm, Herr, den Geist des Gegeneinanderaufrechnens von uns. Steck uns an mit deiner Großherzigkeit.

## 4. SONNTAG NACH TRINITATIS

**zur Reihe IV:** Brüderlich und barmherzig! (1 Petr 3,8-17)
Herr, unser Gott, du bist der größte Friedenstifter. Du rufst uns, in deinen Dienst zu treten, die Eskalation der Gewalt und Vergeltung unter den Menschen zu stoppen. Friede ist allemal besser, als recht behalten zu haben, aber verfeindet zu sein. Herr, mach uns tüchtig, an unserem Platz für eine friedlicher Welt einzutreten.

**zur Reihe V:** Der werfe den ersten Stein! (Jo 8,3-11)
Herr, unser Gott, dein Sohn hat es demonstriert, daß du Leben eröffnest, wo der Tod regieren will. Dein Sohn hat die Sünde verurteilt, aber die Sünderin hat er angenommen. Wir bitten dich: Laß uns unterscheiden zwischen der Tat und dem Täter. Gib uns ein weites Herz für die Mitmenschen und Entschlossenheit, bösem Tun entgegen-zutreten.

**zur Reihe VI:** Überwinde Böses mit Gutem! (Rö 12,17-21)
Herr, unser Gott, hab Dank, daß du ja zu uns sagst, obgleich wir ein Nein verdienten; daß du uns Vergebung gewährst, obwohl wir Verwerfung gewärtigen müßten. Wir bitten dich: Hilf, daß wir deine Barmherzigkeit nicht nur in Anspruch nehmen, sondern daß wir auch anderen Barmherzigkeit gewähren.

### FÜRBITTENGEBET

Herr, es gibt so viel Leid in der Welt und in unserer Umgebung. Wehre uns, daß wir uns nicht blind und taub stellen. Laß uns vielmehr Handlanger deines Heils werden. Zeige uns die Menschen, die wir aufrichten sollen, wo wir Tränen trocknen oder jemandem über Enttäuschungen hinweghelfen können. Mach unser Herz weit, daß alle Kleinlichkeit, Überheblichkeit oder Gekränktsein von uns weicht, daß wir den Weg zu den anderen finden. Laß Eitelkeit und Schuld nicht länger zwischen uns stehen. Du hast uns begnadigt und deinen Zorn durch Liebe besiegt, laß auch uns gnädig miteinander umgehen, damit wir deinem Sohne nachfolgen. Amen.

## 5. SONNTAG NACH TRINITATIS

**Wochenspruch:** Aus Gnade seid ihr selig geworden durch den Glauben; und das nicht aus euch: Gottes Gabe ist es.     Eph 2,8

### PSALM

Das ist meine Freude, daß ich mich zu Gott halte
und meine Zuversicht setze auf Gott den Herrn,
daß ich verkündige all dein Tun.

Ich bin doch täglich geplagt,
    und meine Züchtigung ist alle Morgen da.
(Es fehlte nicht viel,
    fast hätte ich dich aus den Augen verloren.
Ich konnte es nicht fassen, daß es Bösen gut geht,
    Gute aber müssen leiden.)
Dennoch bleibe ich stets an dir;
    denn du hältst mich bei meiner rechten Hand,
du leitest mich nach deinem Rat
    und nimmst mich am Ende mit Ehren an.
Wenn ich nur dich habe,
    so frage ich nichts nach Himmel und Erde.
Wenn mir gleich Leib und Seele verschmachtet,
    so bist du doch, Gott, allezeit meines Herzens Trost
    und mein Teil.
(Weder Freude noch Leid
    sollen mich trennen von dir, mein Gott.)

Das ist meine Freude, daß ich mich zu Gott halte
und meine Zuversicht setze auf Gott den Herrn,
daß ich verkündige all dein Tun.

                                                nach Ps 73

## 5. SONNTAG NACH TRINITATIS

### KOLLEKTENGEBET

Jesus Christus, Herr und Bruder, du hast uns vorgelebt, was es heißt, Gott ganz und gar zu vertrauen. Du hast über das Sterben hinaus an Gott festgehalten und wurdest gehalten. Du rufst in die Nachfolge des Glaubens. Hilf uns, deinem Ruf zu folgen, der du mit dem Vater in der Einheit des Heiligen Geistes lebst und regierst von Ewigkeit zu Ewigkeit. Amen.

### GEBET

**zur Reihe I:** Petri Fischzug (Lk 5,1-11)
Himmlischer Vater, du hast uns in christlichen Familien aufwachsen lassen. So erreichte uns der Ruf in die Nachfolge. Hilf, daß wir deinen Ruf noch einmal besonders und persönlich hören. Gib, daß wir deinem Wort mehr vertrauen als unserer Erfahrung, daß wir uns einlassen auf das, was du uns sagst.

**zur Reihe II:** Eine Torheit denen... (1 Kor 1,18-25)
Himmlischer Vater, dein Angebot der Liebe gilt allen Menschen. Doch du weißt, wie schwer wir uns damit tun, die Torheit des Kreuzes als Weisheit zu begreifen. Liebe, die sich so ausliefert, erscheint uns als schwach. Doch in Wahrheit ist sie stärker als alle Stärke, die doch vergeht. Hilf uns, Herr, daß auch wir die Erniedrigung deines Sohnes als Erhöhung, das Scheitern als Sieg begreifen, daß wir über Karfreitag hinausschauen auf Ostern.

**zur Reihe III:** Die ersten Jünger (Jo 1,35-42)
Himmlischer Vater, du hast deine Menschenfreundlichkeit unter Beweis gestellt. Dennoch tun wir uns schwer, dir zu vertrauen. Immer wieder fordern wir untrügliche Zeichen. Wir bitten dich: Öffne unsere Augen, daß wir sehen, wo du in unserem Leben Spuren hinterläßt. Öffne unsere Ohren, daß wir deine Stimme aus den vielen Stimmen dieser Zeit heraushören. Hole uns heraus aus dem Gefängnis unserer Selbstsicherheit und Selbstherrlichkeit. Erwecke dir neuen Glauben.

## 5. SONNTAG NACH TRINITATIS

**zur Reihe IV:** Abrahams Berufung (Gen 12,1-4)
Himmlischer Vater, du hast Abraham zugemutet, alle Sicherheiten hinter sich zu lassen und ganz und gar deiner Führung zu vertrauen. Du weißt, Herr, wieviel lieber wir uns auf das verlassen, was vor Augen ist, als uns einzulassen auf deine Verheißungen. Wir bitten dich: Gib, daß wir unsere Sicherheit nicht in Materiellem suchen. Alles Irdische vergeht. Mach uns stark im Glauben, der sich auf dich gründet.

**zur Reihe V:** Wer nicht sein Kreuz trägt... (Lk 14,25-33)
Himmlischer Vater, du willst, daß wir Prioritäten setzen und unterscheiden, was wichtig und weniger wichtig ist. Du gibst dich nicht damit ab, irgend eine Rolle in unserem Leben zu spielen. Du willst als A und O, als Grund und Ziel unseres Lebens ernst genommen werden. Wir bitten dich: Hilf uns, daß wir Jesus nachfolgen, der nichts anderes suchte, als mit dir eins zu sein - selbst als dieser Weg zum Kreuzweg wurde.

**zur Reihe VI:** Des Herrn Wort laufe! (2 Thess 3,1-5)
Himmlischer Vater, der Glaube ist nicht jedermanns Ding. Das spüren wir wohl. Herr, wir glauben, hilf unserem Unglauben. Laß uns wachsen im Glauben; laß uns reifen in der Liebe; laß uns reich werden an Hoffnung.

## FÜRBITTENGEBET

Herr, wir bitten dich für die vielen Behinderten, die in ihren Lebensmöglichkeiten eingeschränkt sind. Hilf, daß wir sie achten und ihnen helfen. Wir bitten dich für die, die ihr Leben erleiden, die von düsteren Gedanken gequält werden, die keinen Schlaf und keine innere Ruhe finden: Gib uns Geduld mit ihnen. Schenke uns die nötige Phantasie, daß uns einfällt, wie wir ihnen Licht und Freude ins Leben bringen können. Wir bitten dich für jene, die sich mit anderen überworfen haben: Laß nicht zu, daß die unguten Gefühle das letzte Wort behalten, sondern zeige du Wege zur Versöhnung. Herr, erhöre uns. Amen.

## 6. SONNTAG NACH TRINITATIS

**Wochenspruch:** So spricht der Herr, der dich geschaffen hat: Fürchte dich nicht, denn ich habe dich erlöst; ich habe dich bei deinem Namen gerufen; du bist mein.

Jes 43,1

### PSALM

Herr, du erforschest mich und kennest mich.

Ich sitze oder stehe auf, so weißt du es,
    du verstehst meine Gedanken von ferne.
Ich gehe oder liege, so bist du um mich
    und siehst alle meine Wege.
Denn siehe, es ist kein Wort auf meiner Zunge,
    das du, Herr, nicht schon wüßtest.
(Was ich denke oder rede,
    ist längst dir bekannt.
Du bist um mich wie die Luft;
    in deinem Schutz weiß ich mich geborgen.)
Von allen Seiten umgibst du mich
    und hältst deine Hand über mir.
Spräche ich: Finsternis möge mich decken
    und Nacht statt Licht um mich sein,
so wäre auch Finsternis nicht finster bei dir,
und die Nacht leuchtet wie der Tag.
    Finsternis ist wie das Licht.
(Ich kann es nicht begreifen,
    warum du so gütig bist.)
Erforsche mich, Gott, und erkenne mein Herz;
    prüfe mich und erkenne, wie ich's meine.
Und siehe, ob ich auf bösem Wege bin,
    und leite mich auf ewigem Wege.

Herr, du erforschest mich und kennest mich.

nach Ps 139

## 6. SONNTAG NACH TRINITATIS

### KOLLEKTENGEBET

Jesus Christus, Herr und Bruder, du hast dich durch die Taufe mit uns verbündet. Auf deine Zusage, daß uns nichts von Gottes Liebe wird scheiden können, ist Verlaß. Wir bitten dich: Hilf uns, daß wir deine Gnade nicht verachten. Laß uns dir antworten mit unserem Glauben, Lieben und Hoffen, der du mit dem Vater in der Einheit des Heiligen Geistes lebst und regierst von Ewigkeit zu Ewigkeit. Amen.

### GEBET

**zur Reihe I:** Der Taufbefehl (Mt 28,16-2o)
Allmächtiger Gott, uns ist aufgetragen zu taufen, deine bedingungslose, reine Gnade weiterzugeben. In der Taufe kleiner Kinder wird dies augenfällig, daß du das erste Wort sprichst, daß wir nur antworten können. Aber auf diese Antwort wartest du dann. Wir bitten dich: Hilf uns, daß wir deinen Namen zu Recht tragen, daß wir deinen Namen über alles hoch achten.

**zur Reihe II:** Mit Christus begraben (Rö 6,3-11)
Allmächtiger Gott, Wasser ist Sinnbild des Todes, Sinnbild des Lebens, Sinnbild der Reinigung. Das alles eignest du uns in der Taufe zu: die Erledigung der sündigen Vergangenheit durch das Sterben deines Sohnes und ein neues, mit dir verbundenes Leben. Wir bitten dich: Hilf uns, daß wir dir keine Schande bereiten, sondern uns zu dir bekennen mit unseren Worten, mit Taten der Liebe und im Gebet.

**zur Reihe III:** Zum Volk des Eigentums (Deut 7,6-12)
Allmächtiger Gott, nicht was wir haben oder sind macht uns in deinen Augen liebenswert, sondern einzig daraus beziehen wir unseren Wert, daß du dich zu uns bekannt hast. Nicht um das Maß unseres Glaubens oder Verstehens geht es in der Taufe, sondern um deine Liebeserklärung zu uns. Du sagst das erste Wort, laß uns die Antwort nicht schuldig bleiben.

## 6. SONNTAG NACH TRINITATIS

**zur Reihe IV:** Philippus und der Kämmerer (Apg 8,26-39)
Allmächtiger Gott, der Kämmerer "zog seine Straße fröhlich". Wir bitten dich, hilf uns, daß auch wir uns unserer Taufe freuen, daß sie der Grund unseres Christseins ist und nicht unser Glaube oder unsere Lebensführung. Laß uns fröhlich und getrost unseren Lebensweg gehen - in der Gewißheit, daß du bei uns sein wirst alle Tage, bis an der Welt Ende.

**zur Reihe V:** Beim Namen gerufen (Jes 43,1-7)
Allmächtiger Gott, du rufst uns das "Fürchte dich nicht!" zu. Du sagst zu uns, daß wir dein sind. Es ist gut, Herr, daß wir uns bei dir wie in einer Burg bergen dürfen; daß wir bei dir wie ein Vogel im Nest ein Zuhause haben; daß wir von dir wie ein Kind auf dem Arm seiner Mutter gehalten werden. Jesus, dein Sohn, hat uns gelehrt, was wir von dir halten dürfen: nämlich dies, daß du uns hältst.

**zur Reihe VI:** Das heilige Volk (1 Petr 2,2-1o)
Allmächtiger Gott, du willst uns einbauen als lebendige Steine in den Bau deiner Kirche. Hilf uns, daß wir uns nicht sperren gegen den Platz, den du uns zuweist, daß wir unsere Aufgabe erfüllen zur Auferbauung deiner Gemeinde. Hilf, daß wir uns zusammenfügen, daß einer den anderen stützt.

## FÜRBITTENGEBET

Herr, du hast gesagt, du legst uns Lasten auf, du hilfst uns aber auch, sie zu tragen. Deshalb bitten wir dich für die Menschen, die ohne Hoffnung sind, die von Kummer und Sorgen geplagt werden: Sei du ihnen nahe. Entziehe ihnen nicht deine Barmherzigkeit. Sei du den Trostlosen Trost, den Verzweifelten Halt, den Hoffnungslosen Licht. Und wo du uns gebrauchen kannst, laß es uns erkennen. Gib uns Worte, die aufrichten, Blicke, die Güte ausstrahlen, und tüchtige Hände, die zupacken, wo es nötig ist. Amen.

## 7. SONNTAG NACH TRINITATIS

**Wochenspruch:** So seid ihr nun nicht mehr Gäste und Fremdlinge, sondern Mitbürger der Heiligen und Gottes Hausgenossen. Eph 2,19

### PSALM

Danket dem Herrn, denn er ist freundlich,
und seine Güte währet ewiglich.

So sollen sagen, die erlöst sind durch den Herrn,
    die er aus der Not erlöst hat,
die er aus den Ländern zusammengebracht hat
    von Osten und Westen, von Norden und Süden.
Die irregingen in der Wüste, auf ungebahntem Wege,
    und fanden keine Stadt, in der sie wohnen konnten.
(Die ohne Orientierung waren und heimatlos,
    denen das Leben zur Wüste wurde,
die Mangel litten am Notwendigsten
    und deren Seele von Kummer geplagt wurde.)
Die dann zum Herrn riefen in ihrer Not,
    und er errettete sie aus ihren Ängsten.
(Er zeigte ihnen gangbare Wege
    und ließ ihre Seele zur Ruhe kommen.)
Die sollen dem Herrn danken für seine Güte
und für seine Wunder,
    die er an den Menschenkindern tut.

Danket dem Herrn, denn er ist freundlich,
und seine Güte währet ewiglich.

nach Ps 1o7

## 7. SONNTAG NACH TRINITATIS

## KOLLEKTENGEBET

Jesus Christus, Herr und Bruder, du bist das Brot des Lebens und willst dich uns austeilen. Du selbst bist die Gabe, die wir in den Gaben des heiligen Abendmahles empfangen. Mit der Gabe gibst du uns auch eine Aufgabe, daß wir anderen zum Mittel des Lebens werden wie das Brot, daß wir anderen zum Grund der Freude werden wie der Wein. Herr, werde in uns und durch uns lebendig, der du mit dem Vater in der Einheit des Heiligen Geistes lebst und regierst von Ewigkeit zu Ewigkeit. Amen.

## GEBET

**zur Reihe I:** Speisung der Fünftausend (Jo 6,1-15)
Vater Jesu Christi, wenn alle das Wenige miteinander teilen, reicht es für alle, und es bleibt noch übrig. Das ist das Wunder, das heute geschehen will, daß wir zu teilen lernen. Indem wir die Liebe deines Sohnes annehmen und weitergeben, setzen wir die wundersame Speisung fort. So wird Jesus zum Brot für die Welt. Herr, lehre uns teilen, damit wir reich werden an Liebe.

**zur Reihe II:** Ideale Gemeinde (Apg 2,41-47)
Vater Jesu Christi, dir verdanken wir, daß wir sind. Wir loben dich und beten dich an. Dir danken wir, daß wir uns deine Kinder nennen dürfen. Wir loben dich und beten dich an. Dir danken wir, daß wir eine Zukunft bei dir haben. Wir loben dich und beten dich an. Du tröstest uns mit deinem Wort. Dein Sohn Jesus Christus ist dein Wort, die Zusage deiner Liebe. Wir loben dich und beten dich an.

**zur Reihe III:** Das Brot des Lebens (Jo 6,3o-35)
Vater Jesu Christi, wir bleiben so leicht am Vordergründigen hängen. Das Brot allein vermag uns nicht zu sättigen, wenn wir in der Gabe nicht dich, den Geber, erkennen. Hilf, daß wir aus Brot und Wein die Kraft gewinnen, das Schwere in unserem Leben zu tragen. Gib, daß wir uns dir öffnen und dich Herr sein lassen.

## 7. SONNTAG NACH TRINITATIS

**zur Reihe IV:** Seid eines Sinnes! (Phil 2,1-4)
Vater Jesu Christi, wir danken dir, daß du den Himmel aufgetan hast, daß Jesus uns den Weg zu dir weist. Wir bitten dich: Besiege du die Zweifel, überwinde unseren Kleinglauben und mach uns tüchtig zur Nachfolge. Du weißt, daß wir deinen Ruf zwar hören, doch der Weg vom Herzen bis in die Hand, vom Wollen bis zum Vollbringen ist weit.

**zur Reihe V:** Speisung der Fünftausend (Lk 9,1o-17)
Vater Jesu Christi, dein Sohn hat sein Leben für uns gegeben. Seine Liebe vermehrte sich, indem er sie verströmte. Herr, gib uns Anteil an deiner Liebe, denn der Hunger nach Liebe, der Durst nach Gerechtigkeit in unserer Welt ist groß. Hilf uns, daß wir dein Brot weiterreichen.

**zur Reihe VI:** Wachteln und Manna (Ex 16,2-18)
Vater Jesu Christi, das gehortete Brot in der Wüste verdarb. Vorrat an Vertrauen gibt es nicht. Du gibst uns täglich, was wir brauchen. Du willst täglich neu gebeten sein, damit wir den Kontakt zu dir nicht verlieren und meinen, wir lebten aus eigener Kraft. Herr, gib uns nicht nur Essen und was unser Leib braucht, gib auch unserer Seele täglich neue Kraft.

## FÜRBITTENGEBET

Herr, du kennst die Unruhe unserer Zeit und unserer Herzen. Laß uns doch immer wieder zur Stille kommen, in der unsere Nerven sich erholen können, in der ein gutes Wort gefunden wird, aus der heraus gute Gedanken erstehen können. Dir befehlen wir die Menschen an, die an sich selber leiden, die eine Enttäuschung nach der anderen hinnehmen müssen, die von sich selbst nichts mehr halten und in der Gefahr stehen, ihr Leben wegzuwerfen. Herr, laß sie nicht in Bitterkeit und Verzweiflung stürzen, sondern gib ihnen Menschen an die Seite, die ihnen helfen können. Amen.

## 8. SONNTAG NACH TRINITATIS

**Wochenspruch:** Lebt als Kinder des Lichts; die Frucht des Lichts ist lauter Güte und Gerechtigkeit und Wahrheit.
Eph 5,8f

### PSALM

Die Erde ist des Herrn und was darinnen ist,
der Erdkreis und die darauf wohnen.

Groß ist der Herr und hoch zu rühmen
    in der Stadt unsres Gottes, auf seinem heiligen Berge.
(Golgatha ist höher als der Sinai,
    Barmherzigkeit höher als das Recht.
Gottes Gnade wollen wir rühmen,
    uns seines Erbarmens freuen.)
Gott, wir gedenken deiner Güte,
    in deinem Tempel.
Gott, wie dein Name, so ist auch dein Ruhm
    bis an der Welt Enden.
Wahrlich, das ist Gott, unser Gott für immer und ewig,
    Er ist's, der uns führet.

Die Erde ist des Herrn und was darinnen ist,
der Erdkreis und die darauf wohnen.

nach Ps 24/Ps 48

## 8. SONNTAG NACH TRINITATIS

### KOLLEKTENGEBET

Jesus Christus, Herr und Bruder, du bist das Licht der Welt. Du willst uns teilhaben lassen an deinem Licht und stellst uns in deinen Dienst. Licht der Welt und Salz der Erde sollen wir sein. Wie der Mond nur das Licht der Sonne reflektiert, so können wir nur weitergeben, was wir zuvor von dir empfangen haben. Wir bitten dich: Sei du unser Licht, der du mit dem Vater in der Einheit des Heiligen Geistes lebst und regierst von Ewigkeit zu Ewigkeit. Amen.

### GEBET

**zur Reihe I:** Salz und Licht (Mt 5,13-16)
Gott, unser Vater, die Kerze gibt sich hin und das Salz löst sich auf, wenn sie den Sinn ihres Daseins erfüllen wollen. Dein Sohn hat ein Leben der Hingabe gelebt und ruft uns in seine Nachfolge. Doch wir tun uns schwer damit: Wir wollen uns nicht aufopfern für andere. Hilf uns, daß wir beides zum Ausgleich bringen - die Liebe zum Nächsten und das "Wie dich selbst" des Liebesgebotes.

**zur Reihe II:** Lebt als Kinder des Lichts! (Eph 5,8-14)
Gott, unser Vater, wer unter dem Sonnenschirm sitzt, wird sich nicht wundern, wenn er im Schatten ist. Wer sich deinem Wort entzieht, soll sich nicht wundern, wenn er die Leben erweckende Kraft deines Wortes nicht an sich erfährt. Wir wissen es wohl, doch steht uns immer wieder die Trägheit im Wege. Wir bitten dich: Weck uns auf aus unserer Verschlafenheit, damit wir uns erleuchten lassen. Laß uns Kinder des Lichtes werden und gute Früchte bringen.

**zur Reihe III:** Schwerter zu Pflugscharen! (Jes 2,1-5)
Gott, unser Vater, es wäre zu schön, um wahr zu sein, wenn die Kriegsgeräte verschrottet und zu Nützlichem umgeformt würden. Du hast diese Vision in uns gepflanzt. Und ohne Vorstellungen einer besseren Zukunft wird nichts besser. Wir bitten dich: Erhalte uns diesen Traum, daß wir anfangen, ihn zu verwirklichen - ein jeder an seinem Platz. Mach uns zu Friedenstiftern.

## 8. SONNTAG NACH TRINITATIS

**zur Reihe IV:** Der Leib als Tempel (1 Kor 6,9-2o)
Gott, unser Vater, du hast uns durch deinen Sohn zu deinem Eigentum erklärt, uns geheiligt und gerecht gesprochen. Wir sind dir recht, obwohl so vieles an uns falsch ist. Du willst mit dem Geist deines Sohnes in uns wohnen, damit wir dich preisen durch unser Dasein. Wir bitten dich: Hilf uns, daß wir es auch tun, daß wir in all unserem Tun fragen, was du dazu sagen würdest.

**zur Reihe V:** Heilung des Blindgeborenen (Jo 9,1-7)
Gott, unser Vater, Leiderfahrungen machen uns manchmal blind für dich. Wir fragen, womit wir sie verdient haben. Wir führen uns auf, als dürften wir dich wie einen Angeklagten zur Rechenschaft ziehen. Herr, du willst unsere Blickrichtung wenden, daß wir nicht bei der Frage nach den Ursachen des Leides stehenbleiben. Du willst uns auf die Zukunft ausrichten und daß wir von dir erwarten, daß das Leid einen Sinn haben wird - wenn wir ihn im Moment auch nicht begreifen. Das ist schwer, Herr. Hilf uns zu solchem Vertrauen.

**zur Reihe VI:** Knechte der Sünde (Rö 6,19-23)
Gott, unser Vater, du hast uns durch Christus bejaht, uns durch sein Leiden teuer erkauft. Wir bitten dich: Hilf uns, daß wir nun so leben, daß wir erkennen lassen, wer unser Herr ist, daß wir Früchte des Lichtes bringen.

## FÜRBITTENGEBET

Herr, die Welt ist voll von Not und Elend. Gib, daß wir raten können, wo Rat gebraucht wird; daß wir Mut machen, wo jemand von Mutlosigkeit geplagt wird; daß wir ein Lachen ermöglichen, wo jemand das Lachen verlernt hat. Wir denken an die Hungernden, an die Menschen auf der Flucht, an die Kriegs- und Katastrophengebiete. Du, Herr, kennst unsere Ohnmacht und wie leicht wir verzagen angesichts der Fülle der Aufgaben. Wir bitten dich: Laß einen jeden an seinem Platz seinen Beitrag leisten, daß keiner die Verantwortung auf andere abschiebt, sondern ein jeder tut, was er kann. Herr, höre unser Gebet. Amen.

## 9. SONNTAG NACH TRINITATIS

**Wochenspruch:** Wem viel gegeben ist, bei dem wird man viel suchen; und wem viel anvertraut ist, von dem wird man um so mehr fordern.     Lk 12,48

### PSALM

Deinen Willen, mein Gott, tue ich gern,
und dein Gesetz hab ich in meinem Herzen.

Ich verkünde Gerechtigkeit in der großen Gemeinde.
    Siehe, ich will meinen Mund nicht verstopfen lassen;
    Herr, das weißt du.
Deine Gerechtigkeit verberge ich nicht in meinem Herzen;
    von deiner Wahrheit und von deinem Heil rede ich.
(Öffentlich will ich es bezeugen:
    Gott spricht den Sünder gerecht.
Nicht am Abrichten hat er Gefallen,
    sondern das Aufrichten gefällt ihm.)
Ich verhehle deine Güte und Treue nicht
    vor der großen Gemeinde.
Du aber, Herr, wollest deine Barmherzigkeit nicht von mir wenden;
    laß deine Güte und Treue allewege mich behüten.

Deinen Willen, mein Gott, tue ich gern,
und dein Gesetz hab ich in meinem Herzen.

                                                 nach Ps 4o

## 9. SONNTAG NACH TRINITATIS

### KOLLEKTENGEBET

Jesus Christus, Herr und Bruder, du willst uns als Mitarbeiter. Du gibst uns mit den Gaben zugleich Aufgaben. Die Welt und unser Leben ist uns anvertraut. Du segnest uns, und wir sollen zum Segen sein. Wir bitten dich: Wirke in uns und durch uns zu deiner und des Vaters Ehre, der du mit dem Vater in der Einheit des Heiligen Geistes lebst und regierst von Ewigkeit zu Ewigkeit. Amen.

### GEBET

**zur Reihe I:** Anvertraute Gaben (Mt 25,14-3o)
Herr, unser Gott, du stehst nicht hinter uns mit einer Peitsche. Dein Evangelium treibt uns nicht zu immer noch größeren Anstrengungen an. Aus dem "Du mußt!" des Gesetzes hat dein Sohn ein "Du darfst!" gemacht. Unsere Liebe zu dir ist nicht Bedingung, um deine Liebe zu erlangen. Sie soll Antwort sein auf empfangene Liebe. Hab Dank, Herr, für diese Befreiung.

**zur Reihe II:** Überschwengliche Erkenntnis (Phil 3,7-14)
Herr, unser Gott, du hast uns angenommen, laß auch uns einander annehmen. Du hast uns zuerst geliebt, laß unsere Liebe die Antwort sein. Hilf unserem guten Wollen auf die Beine. Mach unsere Hände tüchtig zum Zupacken, gib unseren Herzen Wärme und Weite. Schenke unserer Phantasie Flügel, damit wir erfinderisch werden, deine Liebe zu bezeugen.

**zur Reihe III:** Sorget nicht! (Mt 7,24-27)
Herr, unser Gott, wenn wir uns auf das gründen wollten, was wir leisten, so würden wir uns die Verzweiflung holen an unseren Halbheiten im Glauben, Lieben und Hoffen. Herr, hab Dank, daß wir uns gründen dürfen auf dich, der du unser Fels bist. Dein Halten ist stärker als unser Fallen. Wir bitten dich: Richte uns immer wieder auf und mache unseren Glauben stark, daß uns die Stürme des Lebens und der Anfechtung nicht hinwegfegen. Sei du uns Fels und Burg.

## 9. SONNTAG NACH TRINITATIS

**zur Reihe IV:** Jeremias Berufung (Jer 1,4-1o)
Herr, unser Gott, auch wir möchten uns wie Jeremia vor den Aufgaben drücken, die du uns stellst. Wir sehen nur unsere kleine Kraft, unseren verzagten Glauben, unsere Unsicherheit. Laß uns nicht erschrecken vor dem, was du uns zutraust. Laß uns dir trauen, daß du mit uns sein wirst, daß wir deine Nähe erfahren werden, wenn wir dir gehorchen.

**zur Reihe V:** Der Schatz im Acker (Mt 13,44-46)
Herr, unser Gott, ob wir der Schatz sind und die kostbare Perle, die dein Sohn suchte und für die er alles, sogar sein Leben, hergab? Das wäre wunderbar. Das würde erneut unterstreichen, wie viel wir ihm wert sind. Dann darf uns nichts mehr wichtiger sein, als die Gemeinschaft mit ihm. Dann wird er unser Schatz sein, und wir werden uns bemühen, an seinem Reich mitzubauen.

**zur Reihe VI:** Dienet einander! (1 Petr 4,7-11)
Herr, unser Gott, es ist gut zu wissen, daß die Liebe deines Sohnes zu uns der Sünde Menge abdeckt und für erledigt erklärt. Laß uns als Befreite auch andere von schlechtem Gewissen befreien, damit Schuldgefühle uns gegenüber weichen und der Liebe Raum geben. Hilf, daß wir die Hände zur Versöhnung reichen und zu Haushaltern deiner Gnade werden.

## FÜRBITTENGEBET

Herr, in Demut bitten wir dich für die Menschen, deren Schmerz und Leid sie blind macht, die dich nicht erkennen. Zeige du dich ihnen, damit sie Geborgenheit und Hoffnung erfahren. Wir bitten dich für die Einsamen und Verbitterten: Laß sie deine Güte erleben durch Mitmenschen, die gut zu ihnen sind und sich Zeit für sie nehmen. Wir bitten dich für alle, denen wir nicht helfen können, wo menschliche Kunst an Grenzen stößt, wo Beziehungen abgestorben sind, wo Liebe in Haß umgeschlagen ist. Herr, du weißt Rat, wo wir ratlos sind. Du kennst Wege, wo wir nur Mauern sehen. Wir bitten dich um dein Erbarmen. Amen.

## 10. SONNTAG NACH TRINITATIS

**Wochenspruch:** Wohl dem Volk, dessen Gott der Herr ist, dem Volk, das er zum Erbe erwählt hat!     Ps 33,12

### PSALM

Wohl dem Volk, dessen Gott der Herr ist,
dem Volk, das er zum Erbe erwählt hat.

Gott, warum verstößt du uns für immer
    und bist so zornig über die Schafe deiner Weide?
(Erinnere dich doch: Du hast uns erwählt;
    du hast uns deine Treue versprochen auf ewig.
Wende dich wieder zu uns;
    bring uns in Ordnung und richte uns auf.)
Ach, Gott, wie lange soll der Widersacher noch schmähen
    und der Feind deinen Namen immerfort lästern?
Warum ziehst du deine Hand zurück?
    Nimm deine Rechte aus dem Gewand und mach ein Ende!
(Vergiß nicht, Herr, was du versprochen hast:
    Du willst zu uns stehen auf immer.)

Wohl dem Volk, dessen Gott der Herr ist,
dem Volk, das er zum Erbe erwählt hat.

                                           nach Ps 33,12/ Ps 74

## 1o. SONNTAG NACH TRINITATIS

### KOLLEKTENGEBET

Jesus Christus, Herr und Bruder, du gehörtest zu dem Volk, das sich Gott auserwählt hat. Du hast auch uns in der Taufe zu denen berufen, die deinen Namen tragen dürfen. Wir bitten dich: Sammle dein Volk aus allen Völkern, damit sie zusammenwachsen zur Familie Gottes, der du mit dem Vater in der Einheit des Heiligen Geistes lebst und regierst von Ewigkeit zu Ewigkeit. Amen.

### GEBET

**zur Reihe I:** Weissagung über Jerusalem (Lk 19,41-48)
Gott, gütiger Vater, dein Haus soll ein Bethaus sein. Wir bitten dich für diesen Ort, an dem wir uns versammelt haben, um dir die Ehre zu geben. Hilf uns, daß hier Menschen zur Stille kommen und deine Stimme hören; daß wir hier getröstet werden durch den Zuspruch deiner Gnade; daß wir deiner Gegenwart gewiß werden und uns deiner Führung anvertrauen. Herr, heilige dieses dein Haus.

**zur Reihe II:** Gottes Plan mit Israel (Rö 11,25-32)
Gott, gütiger Vater, wir Christen haben es unseren jüdischen Geschwistern geradezu unmöglich gemacht, in Jesus deinen Christus zu erkennen. Wir bitten dich: Vergib uns unsere Schuld. Hilf uns, daß wir dich glaubwürdiger bezeugen. Komm du auch bei dem Volk deines Sohnes zum Ziel und hilf, daß wir uns als deine gemeinsamen Kinder verstehen und achten.

**zur Reihe III:** Tempelreinigung (Jo 2,13-22)
Gott, gütiger Vater, immer wieder wird nach einem untrüglichen Zeichen gefragt, das deinen Sohn legitimieren soll. Doch es führt kein Weg an seinem Sterben und Auferstehen vorbei. Du willst, daß der Glaube wirklicher Glaube bleibe - nämlich gegen den Zweifel durchgehaltenes Vertrauen zu dir. Wir bekennen und bitten: Herr, wir glauben, hilf unserem Unglauben!

# 1o. SONNTAG NACH TRINITATIS

**zur Reihe IV:** Das Ende des Gesetzes (Rö 9,1-1o,4)
Gott, gütiger Vater, Gerechtigkeit gibt es nur in der Hölle. Im Himmel bei dir jedoch regiert die Gnade. Wir danken dir, daß wir nicht bekommen, was wir verdienen, sondern was wir brauchen: deine Barmherzigkeit. In Christus bietest du uns deine Vergebung an. Wir wären töricht, wollten wir dein Erbarmen ausschlagen. Wir bitten dich für unsere jüdischen Geschwister: Laß auch sie deine Gnade annehmen.

**zur Reihe V:** Jeremias Tempelrede (Jer 7,1-15)
Gott, gütiger Vater, weder die Berufung auf den Tempel zu Zeiten Jeremias noch der Verweis auf unser Getauftsein können uns davon entbinden, zu dir Vertrauen zu fassen und unseren Glauben im Gehorsam auf dein Wort unter Beweis zu stellen. Hilf, daß wir nicht leichtfertig "Herr, Herr" sagen, sondern danach handeln.

**zur Reihe VI:** Zerstörung Jerusalems (2 Kön 25,8-12)
Gott, gütiger Vater, dein Volk erkannte dich vor allem im Wirken der Geschichte, an deinen heilsamen Führungen. Aber das schloß schwere Wege nicht aus, sondern ein. Auch im Strafgericht bist du gegenwärtig. Hilf, daß wir von dir nicht nur als dem "lieben Gott" reden, sondern auch mit deinem Schweigen oder Zürnen rechnen. Führe uns heraus aus der Gefangenschaft einseitiger Gottesbilder.

## FÜRBITTENGEBET

Lieber himmlischer Vater, es gibt viel Leid in der Welt. Viele Menschen werden deshalb an dir irre. Daß du im Regiment sitzt, ist so schwer zu erkennen, wenn man sieht, daß es vielen bösen Menschen gut geht und andere, die sich redlich Mühe geben, nach deinem Willen zu leben, ein großes Maß an Kummer und Leid verkraften müssen. Herr, wir bitten dich: Laß uns erkennen, wieviel von diesem Leid wir selbst zu verantworten haben. Und dann laß uns tun, was du von uns erwartest, daß wir helfen, wo wir können, statt dich anmaßend anzuklagen. Laß uns auf deinen Sohn schauen, der ein so schweres Los im Vertrauen auf dich getragen hat. Amen.

## 11. SONNTAG NACH TRINITATIS

**Wochenspruch:** Gott widersteht den Hochmütigen, aber den Demütigen gibt er Gnade.         1 Petr 5,5b

### PSALM

Halleluja! Lobet, ihr Knechte des Herrn,
lobet den Namen des Herrn!

Gelobt sei der Name des Herrn
    von nun an bis in Ewigkeit!
Vom Aufgang der Sonne bis zu ihrem Niedergang
    sei gelobet der Name des Herrn!
(Denn niemand ist so mächtig wie unser Gott,
    niemand setzt seiner Macht eine Grenze.)
Der Herr ist hoch über alle Völker;
    seine Herrlichkeit reicht, so weit der Himmel ist.
Wer ist wie der Herr, unser Gott,
    im Himmel und auf Erden?
Der oben thront in der Höhe,
    der herniederschaut in die Tiefe?
(Gott steht über allem.
    Höhen und Tiefen sind ihm nicht fremd.
Wer am Boden zerstört ist - arm oder krank -,
    Gott kann ihn aufrichten und heilen.)

Halleluja! Lobet, ihr Knechte des Herrn,
lobet den Namen des Herrn!

                                             nach Ps 113

## 11. SONNTAG NACH TRINITATIS

### KOLLEKTENGEBET

Jesus Christus, Herr und Bruder, du bist hinabgestiegen in unsere Menschlichkeit. Du hast keinen verachtet, sondern in jedem Menschen hast du ein Geschöpf des Vaters gesehen. Wir bitten dich: Laß uns dich zum Vorbild nehmen, damit wir uns nicht vermessen verhalten und uns über andere erheben. Gib uns Anteil an deiner Demut, der du mit dem Vater in der Einheit des Heiligen Geistes lebst und regierst von Ewigkeit zu Ewigkeit. Amen.

### GEBET

**zur Reihe I:** Pharisäer und Zöllner (Lk 18,9-14)
Himmlischer Vater, bewahre uns davor, daß wir uns mit anderen Menschen messen, daß wir nicht vermessen werden, wenn wir uns über sie überheben. Halte uns vielmehr Christus vor Augen als den wahren Maßstab, so daß wir demütig werden, wenn wir erkennen, wie weit wir hinter ihm, dem wahren Menschen, zurückbleiben.

**zur Reihe II:** Aus Gnaden gerettet (Eph 2,4-1o)
Himmlischer Vater, alles ist Gnade. Wenn wir überlegen, auf welchen Voraussetzungen wir unser Leben aufbauen, dann erkennen wir, daß wir fast gar nichts davon selbst geschaffen, sondern alles empfangen haben. Weder Zeit noch Ort unserer Geburt, weder Geschlecht noch Begabungen, weder Eltern noch Lehrer suchen wir uns aus. Wir verdanken uns dir, Herr. Daß du uns deine Liebe zusagst, das gründet nicht auf unserer Liebenswürdigkeit, sondern auf unserer Liebesbedürftigkeit. Herr, hab Dank für deine Barmherzigkeit und Güte.

**zur Reihe III:** Die ungleichen Söhne (Mt 21,28-32)
Himmlischer Vater, du suchst uns mit unerschütterlicher Geduld. Du gibst uns vielfache Gelegenheiten, unseren Glauben in der Nachfolge zu bewähren. Wir bitten dich: Mach unsere Liebe wahrhaftig, unseren Glauben stark und unsere Hoffnung ausdauernd. Laß uns in Freud und Leid in dir geborgen sein.

## 11. SONNTAG NACH TRINITATIS

**zur Reihe IV:** Christus lebt in mir (Gal 2,16-21)
Himmlischer Vater, wir fühlen uns manchmal gnadenlosen Mächten ausgeliefert. Wir leiden unter unserer Ohnmacht. Doch du hast uns durch deinen Sohn gewiß gemacht: Nicht gnadenlose Mächte werden über uns siegen, sondern die Macht deiner Gnade wird aufgerichtet werden, und du wirst das letzte Wort über uns sprechen. Dein Wille heißt Leben, Liebe, Freude und Ewigkeit. Herr, laß uns das nicht vergessen, wenn wir in Anfechtung geraten.

**zur Reihe V:** Eine Sünderin salbt Jesus (Lk 7,36-5o)
Himmlischer Vater, dein Sohn hatte den Blick für das Positive. An jener Sünderin übersah er zwar nicht deren Sünde und die dunklen Flecken in ihrem Leben, doch er stellte ihre Liebe heraus. Die Vergebung war bei ihr zum Ziel gekommen, hatte sie befreit und ihr Herz geöffnet zum Dank. Herr, laß es bei uns auch so sein, daß die Vergebung, die wir empfangen, uns tüchtig macht zur Liebe.

**zur Reihe VI:** Nathans Bußpredigt (2 Sam 12,1-15)
Himmlischer Vater, Nathan sprach in einer Weise zu David, daß dieser zur Erkenntnis über sich selbst gelangte und seine Schuld eingestehen konnte. Hilf uns, unsere Schuld nicht zu verdrängen. Du erlaubst uns, zu unserem Schatten zu stehen, weil du uns dennoch liebst. Wir bitten dich: Laß uns demütig sein und uns deiner Barmherzigkeit freuen.

## FÜRBITTENGEBET

Herr, unser Gott, deine Geduld ist größer als unser Herz, deine Treue ist ohne Wenn und Aber. Wir danken dir, daß du uns nicht fallen läßt. Wir danken dir, daß wir nicht an uns verzweifeln müssen, weil wir so weit von dem entfernt sind, was du von uns erwarten könntest. Herr, du bist treu; laß auch uns treu sein. Du hast Geduld mit uns; gib uns Geduld mit anderen. Wie du uns liebst, so laß uns liebend anderen zugetan sein. Amen.

## 12. SONNTAG NACH TRINITATIS

**Wochenspruch:** Das geknickte Rohr wird er nicht zerbrechen, und den glimmenden Docht wird er nicht auslöschen.

Jes 42,3

### PSALM

Herr, mein Gott, als ich schrie zu dir,
da machtest du mich gesund.

Gott heilt, die zerbrochenen Herzens sind,
    und verbindet ihre Wunden.
Er zählt die Sterne
    und nennt sie alle mit Namen.
(Denn gleichgültig ist ihm keiner;
    bei ihm geht niemand verloren.)
Unser Herr ist groß und von großer Kraft,
    und unbegreiflich ist, wie er regiert.
Der Herr richtet die Elenden auf
    und stößt die Gottlosen zu Boden.
Der Herr hat Gefallen an denen, die ihn fürchten,
    die auf seine Güte hoffen.
(Darum setzt eure Hoffnung auf den Herrn,
    suchet seine Gegenwart im Gottesdienst!
Dann wird euch nichts unterkriegen,
    und Segen wird auf euren Familien ruhen.)

Herr, mein Gott, als ich schrie zu dir,
da machtest du mich gesund.

nach Ps 3o,3o/Ps 147

## 12. SONNTAG NACH TRINITATIS

### KOLLEKTENGEBET

Jesus Christus, Herr und Bruder, du hast keine Freude an Krankheit und Tod. Du willst aufrichten, wer gebeugt geht. Wer innerlich gebrochen ist, dem gibst du nicht den letzten Stoß. Die letzte Glut willst zu neuem Leben entfachen. Wir danken dir, daß du dich so zu uns herunterbeugst, der du mit dem Vater in der Einheit des Heiligen Geistes lebst und regierst von Ewigkeit zu Ewigkeit. Amen.

### GEBET

**zur Reihe I:** Heilung eines Taubstummen (Mk 7,31-37)
Allmächtiger Gott, dein Sohn hat einen Taubstummen geheilt. Er will uns den Mund öffnen, wenn uns etwas die Sprache verschlägt. Er will uns die Ohren öffnen, wenn wir uns taub stellen. Er will, daß wir uns voreinander und füreinander auftun und so zur Gemeinschaft finden. Hilf uns, Herr, daß wir uns äußern und nicht verstummen, daß wir aus uns herausgehen und nicht in uns hineinfressen, was uns krank macht. Sei du unser Heiland.

**zur Reihe II:** Bekehrung des Saulus (Apg 9,1-2o)
Allmächtiger Gott, du hast aus dem Saulus einen Paulus gemacht. Du hast ihm eine neue Sicht der Welt und seines Lebens eröffnet. Aus dem Gesetzesprediger hast du den Gnadenprediger gemacht. Wir bitten dich: Laß uns nicht vergessen, daß du nicht der abrichtende, sondern der aufrichtende Gott bist, daß deine Liebe größer ist als der berechtigte Zorn.

**zur Reihe III:** Die Erlösung wird kommen (Jes 29,17-24)
Allmächtiger Gott, du kannst unsere blinden Augen für dich öffnen, so daß wir deine Spuren unter uns entdecken. Den Stummen erlaubst du, aus sich herauszugehen. Die Gelähmten bringst du in Bewegung. Wir bitten dich: Heile du uns, Herr, so werden wir heil. Hilf du uns, so ist uns geholfen.

## 12. SONNTAG NACH TRINITATIS

**zur Reihe IV:** An der schönen Pforte (Apg 3,1-1o)
Allmächtiger Gott, durch Jünger und Apostel setzte Jesus sein Werk fort. Sie repräsentierten ihn, machten ihn präsent in der Gegenwart. Und du willst, daß auch wir uns in seinen Dienst stellen. Wir bitten dich: Mach uns tüchtig zu dem, zu dem du uns brauchen kannst. Hilf uns, dem Namen Jesu Ehre zu machen.

**zur Reihe V:** Heilung eines Blinden (Mk 8,22-26)
Allmächtiger Gott, in mehreren Schritten gingen dem Blinden von Betsaida die Augen auf. Auch wir brauchen manchmal lange, bis wir etwas richtig erkennen und Durchblick gewinnen. Öffne unsere Augen für dein Wirken; öffne unsere Ohren für dein Wort; befähige unsere Hände zu deinem Werk und laß unsere Füße auf deinen Wegen gehen.

**zur Reihe VI:** Mitarbeiter Gottes (1 Kor 3,9-15)
Allmächtiger Gott, du hast uns eingefügt in den Bau deiner Kirche. Hilf uns erkennen, daß alle Kritik an deiner Kirche letztlich Selbstkritik ist. Laß einen jeden von uns sich selbst einbringen in die geschwisterliche Gemeinschaft. Wehre aller Zwietracht. Erweise unseren Herrn Jesus Christus als das unerschütterliche Fundament deiner Kirche.

## FÜRBITTENGEBET

Herr, du weißt, wie schwer es uns manchmal fällt, anderen freundlich und liebevoll zu begegnen. Du kennst die Konflikte zwischen den Generationen, zwischen Arbeitgebern und Arbeitnehmern, zwischen Lehrenden und Lernenden, zwischen Progressiven und Konservativen. Wir bitten dich: Laß bei allem Streit der Meinungen das Gemeinsame wichtiger werden als das, was trennt. Hilf, daß wir in unserem Widerpart nicht einen Gegner sehen, sondern einen Menschen, dem deine Liebe ebenfalls gilt. Hilf uns streiten, ohne zu verletzen, zu siegen, ohne zu demütigen, zu verlieren, ohne auf Vergeltung zu sinnen. Wir bitten dich nicht nur für Politiker, sondern auch für uns selbst. Amen.

## 13. SONNTAG NACH TRINITATIS

**Wochenspruch:** Christus spricht: Was ihr getan habt einem von diesen meinen geringsten Brüdern, das habt ihr mir getan.  Mt 25,4o

### PSALM

Wohl dem, der barmherzig ist und gerne leiht
und das Seine tut, wie es recht ist!

(Wer die Gemeinschaft höher achtet als sein persönliches Glück,
    den wird man nicht übersehen und vergessen.
Unglück muß er nicht fürchten,
    denn Gott ist an seiner Seite.)
Vor schlimmer Kunde fürchtet er sich nicht;
    sein Herz hofft unverzagt auf den Herrn.
Sein Herz ist getrost und fürchtet sich nicht,
    bis er auf seine Feinde herabsieht.
(Für Arme wird er etwas übrig haben;
    seinen Einsatz wird man zu schätzen wissen.
Gesegnet wird sein, der Barmherzigkeit übt,
    der einsteht für seinen Nächsten.)

Wohl dem, der barmherzig ist und gerne leiht
und das Seine tut, wie es recht ist!

nach Ps 112

## 13. SONNTAG NACH TRINITATIS

### KOLLEKTENGEBET

Jesus Christus, Herr und Bruder, du verbirgst dich in den geringsten Brüdern und Schwestern und wartest, daß wir dich in ihnen erkennen. Wir bitten dich: Hilf uns, daß wir dich nicht verleugnen und nicht zu kennen meinen, wenn du uns in ihnen begegnest, der du mit dem Vater in der Einheit des Heiligen Geistes lebst und regierst von Ewigkeit zu Ewigkeit. Amen.

### GEBET

**zur Reihe I:** Der barmherzige Samariter (Lk 1o,25-37)
Vater Jesu Christi, dein Sohn ist uns zum Samariter geworden. Er hat sein Leben für uns eingesetzt. Ihm wollen wir danken, indem wir anderen zum Samariter werden. Hilf uns, daß wir uns nicht verschließen, wenn unsere Hilfe gefordert ist; daß wir nicht wegschauen oder weghören, wo uns jemand vor die Füße gelegt wird. Laß uns die nahen Nächsten und die fernen Nächsten lieben.

**zur Reihe II:** Liebet Gott im Nächsten! (1 Jo 4,7-12)
Vater Jesu Christi, du hast uns zuerst geliebt. Nun wartest du auf Gegenliebe. In der Liebe willst du erfahrbar werden. Wir bitten dich: Mache uns frei von unserer Ichbezogenheit, schenk unseren Herzen Weite und Wärme, unseren Händen Tatkraft und Ausdauer, unserer Phantasie gute Einfälle, daß wir dich bezeugen in Taten der Liebe.

**zur Reihe III:** Jesu wahre Verwandte (Mk 3,31-35)
Vater Jesu Christi, dein Sohn hat uns gelehrt, dich als "Vater unser" anzusprechen und uns stets bewußt zu sein, daß wir deine Kinder sind. Du willst uns zu einer großen Familie machen, in der wir geschwisterlich miteinander umgehen. Mehr als die Blutsverwandtschaft soll uns dein Wort verbinden. Herr, hilf uns, daß wir deinem Namen Ehre machen und du dich unserer nicht schämen mußt.

## 13. SONNTAG NACH TRINITATIS

**zur Reihe IV:** Kain und Abel (Gen 4,1-16)
Vater Jesu Christi, du weißt, wie leicht wir uns von Neid und gehässigen Gefühlen bestimmen lassen, wie schnell uns Mißerfolge ungerecht werden lassen gegenüber anderen. Das Böse lauert vor unserer Tür. Wir bitten dich: Stelle du dich schützend vor uns, wenn wir Strafe verdient haben und wehre der Eskalation des Bösen. Du willst uns vor dem Zorn der anderen bewahren. Bewahre sie vor unserer Bosheit. Laß uns Hüter unserer Geschwister sein.

**zur Reihe V:** Vom Almosengeben (Mt 6,1-4)
Vater Jesu Christi, jedes Geben ist letztlich ein Zurückgeben, denn was haben wir, das wir nicht zuvor empfangen hätten? Wir bitten dich: Schenke uns einen Blick für die, die unsere Hilfe brauchen. Gib, daß wir großzügig umgehen können mit unsere Zeit, mit unserer Kraft und unserem Geld, wenn es gilt, einem anderen zu helfen.

**zur Reihe VI:** Die sieben Diakone (Apg 6,1-7)
Vater Jesu Christi, nicht jeder ist für jede Aufgabe in gleicher Weise geeignet. Manches können wir besser als andere; anderes können jene besser als wir. Hilf uns, unsere Gaben, aber auch die Grenzen unseres Könnens zu erkennen. Laß jeden in unserer Gemeinde die Möglichkeit finden, mitzuarbeiten auf seine Weise, mit seinen Gaben, mit seiner Kraft. Gib zu allem ehrlichen Wollen das Vollbringen.

### FÜRBITTENGEBET

Herr, himmlischer Vater, eine neue Woche liegt vor uns. Wir bitten dich um deinen Segen zu allem, was wir beginnen. Segne die Gespräche mit anderen Menschen, aber auch die flüchtigen Begegnungen. Laß uns Freude erleben und Freude bereiten. Wir bitten dich für die Menschen, die ohne Arbeit sind, die sich nutzlos fühlen, die Enttäuschungen und Rückschläge verkraften müssen: Laß sie nicht bitter werden, sondern schenke ihnen neue Zuversicht. Segne alles ehrliche Bemühen. Amen.

## 14. SONNTAG NACH TRINITATIS

**Wochenspruch:** Lobe den Herrn, meine Seele, und vergiß nicht, was er dir Gutes getan hat.     Ps 1o3,2

### PSALM

Wer Dank opfert, der preiset mich,
und da ist der Weg, daß ich ihm zeige das Heil Gottes.

Ich will den Herrn loben, solange ich lebe,
    und meinem Gott singen, solange ich bin.
(Denn Gott preisen heißt lebendig sein.
    Gott loben heißt um sein Woher und Wohin wissen.
Von ihm und durch ihn und zu ihm sind alle Dinge;
    an ihn sich halten ist Gotteskindschaft.)
Verlasset euch nicht auf Fürsten;
    sie sind Menschen, die können ja nicht helfen.
Denn des Menschen Geist muß davon,
    und er muß wieder zu Erde werden;
    dann sind verloren alle seine Pläne.
(Was an uns hat Bestand, wenn Gott es nicht erhält?
    Was sind wir, wenn er uns seinen Odem entzieht?)
Wohl dem, dessen Hilfe der Gott Jakobs ist,
    der seine Hoffnung setzt auf den Herrn, seinen Gott.

Wer Dank opfert, der preiset mich,
und da ist der Weg, daß ich ihm zeige das Heil Gottes.

                                  nach Ps 5o

## 14. SONNTAG NACH TRINITATIS

### KOLLEKTENGEBET

Jesus Christus, Herr und Bruder, du hast uns Gottes Liebe nahegebracht. In dir erblicken wir das gütige Angesicht Gottes. Wir bitten dich: Laß uns nicht vergessen, was du getan hast, um uns der Liebe Gottes zu versichern. Hilf, daß uns deine Barmherzigkeit erfüllt, daß wir frei und zuversichtlich unseren Weg gehen können, der du mit dem Vater in der Einheit des Heiligen Geistes lebst und regierst von Ewigkeit zu Ewigkeit. Amen.

### GEBET

**zur Reihe I:** Zehn Aussätzige (Lk 17,11-19)
Gott, unser Vater, nur einer von den zehn Geheilten kehrte um, dir Dank zu sagen. Die Gabe der Heilung wie jede andere Gabe kommt erst ans Ziel, wenn sie mit Dank angenommen wird. Ein dankbares Herz läßt alles in einem anderen Licht erscheinen. Wir bitten dich: Herr, laß uns den Dank nicht vergessen, denn er tut uns selbst gut.

**zur Reihe II:** Gottes Erben (Rö 8,12-17)
Gott, unser Vater, es widerstrebt heute vielen Menschen, sich als Kinder Gottes zu verstehen. Zu sehr verbinden sie damit Vorstellungen von Bevormundung, Abhängigkeit und autoritärem Gebahren. Wir sagen "Vater unser im Himmel". So bleibt deutlich, daß das Bild eines irdischen Vaters oder einer leiblichen Mutter weit hinter dem zurückbleibt, was du für uns bist. Laß uns deine Kinder sein und hilf uns, Geschwisterlichkeit zu üben.

**zur Reihe III:** Heilung des Aussätzigen (Mk 1,4o-45)
Gott, unser Vater, wir danken dir, daß du nicht nur das Heil unserer Seelen willst, sondern uns ganz meinst mit unserer Leiblichkeit. Das machte Jesus klar, als er viele Kranke heilte: Dein Heil ist umfassend. Du verachtest nicht unseren Leib. Hilf uns, daß wir Seele, Leib und Geist nicht auseinanderreißen, eines höher achten als das andere. Sei du unser Herr in allen Bereichen unseres Daseins.

## 14. SONNTAG NACH TRINITATIS

**zur Reihe IV:** Allezeit Gott danken (1 Thess 1,2-1o)
Gott, unser Vater, du willst, daß wir füreinander eintreten im Gebet. Wir bitten dich: Erwecke dir unter uns stets neuen Glauben. Mach uns tüchtig in der Nächstenliebe. Laß uns nicht ermüden in der Hoffnung, daß du alles zu einem guten Ende führen wirst.

**zur Reihe V:** Jakobs Himmelsleiter (Gen 28,1o-19)
Gott, unser Vater, wie mag dem Jakob die Angst vor der Rache seines Bruders im Nacken gesessen haben! Seine Zweifel, ob der Segen ihm trotz seines Betruges gelten wird, können wir verstehen. Auch uns überfällt manchmal die Frage, ob wir die Zusage deiner Liebe in der Taufe nicht längst verspielt haben könnten. Wir danken dir, daß auf dein Wort Verlaß ist, daß dein Wort nicht wankt, daß deine Treue sogar unsere Untreue aushält.

**zur Reihe VI:** Der Gott des Friedens (1 Thess 5,14-24)
Gott, unser Vater, du bist ein Gott des Friedens. Wir bitten dich: Heilige uns durch und durch. Laß uns dein Eigentum sein, denn was dir gehört, das ist heilig. Bewahre unseren Geist, unsere Seele und unseren Leib, unser ganzes Ich bis an den Tag, an dem wir heimkehren dürfen in dein Reich. Dies halten wir von deinem Sohn Jesus Christus, daß er zu uns hält, wenn alles gegen uns sprechen wird; daß er für uns eintritt, wenn der Ankläger gegen uns auftritt. Dein Sohn, Herr, ist unsere Hoffnung.

### FÜRBITTENGEBET

Lieber Herr Jesus Christus, du hast uns gezeigt, daß du keine Freude an Krankheit und Tod hast. Du willst aufrichten, die niedergebeugt sind. Dir befehlen wir alle Kranken und Traurigen an, alle Einsamen und Verlassenen, alle, die bitter enttäuscht wurden und keine Hoffnung haben, die sich nichts mehr zutrauen und sich abgeschrieben fühlen. Gib ihnen Menschen an die Seite, die ihnen Licht ins Leben bringen. Zeige uns, wo wir einem Menschen helfen können. Amen.

## 15. SONNTAG NACH TRINITATIS

**Wochenspruch:** Alle eure Sorge werft auf ihn; denn er sorgt für euch.
    1 Petr 5,7

### PSALM

Herr, neige deine Ohren und erhöre mich;
denn ich bin elend und arm.
Bewahre meine Seele, denn ich bin dein.

Wenn der Herr nicht das Haus baut,
    so arbeiten umsonst, die daran bauen.
Wenn der Herr nicht die Stadt behütet,
    so wacht der Wächter umsonst.
(Es ist umsonst, daß wir uns abmühen,
    wenn Gott nicht zu uns steht.
Wenn Gott sich gegen uns stellt,
    dann ist alle Mühe umsonst.)
Es ist umsonst, daß ihr früh aufsteht
    und hernach lange sitzet
und esset euer Brot mit Sorgen;
    denn seinen Freunden gibt er es im Schlaf.
(Glücklich darf sich preisen,
    der nach dem Willen Gottes fragt.)

Herr, neige deine Ohren und erhöre mich;
denn ich bin elend und arm.
Bewahre meine Seele, denn ich bin dein.

nach Ps 86,1/Ps 127

## 15. SONNTAG NACH TRINITATIS

### KOLLEKTENGEBET

Jesus Christus, Herr und Bruder, auf dich dürfen wir unsere Sorgen werfen. Dir sind wir nicht lästig, sondern du willst uns entlasten. Du treibst uns nicht unerbittlich an, sondern bei dir dürfen Tränen gezeigt werden. Herr, hab Dank für deine Barmherzigkeit. Wir befehlen uns dir an, der du mit dem Vater in der Einheit des Heiligen Geistes lebst und regierst von Ewigkeit zu Ewigkeit. Amen.

### GEBET

**zur Reihe I:** Trachtet nach Gottes Reich! (Mt 6,25-34)
Herr, unser Gott, du willst keine Rechner, die nur ihre schlechten Erfahrungen addieren und einen Berg von Sorgen anhäufen. Dein Sohn hat uns das Vertrauen gelehrt. Wir bitten dich: Laß uns wie Kinder vertrauensvoll zu dir aufblicken und gewiß sein, daß du uns täglich die Kraft gibst, die wir brauchen, daß du auch morgen unser Herr sein wirst - und in Ewigkeit.

**zur Reihe II:** Gott sorgt für euch (1 Petr 5,5-11)
Herr, unser Gott, du willst uns gleichermaßen vor Selbstüberschätzung wie Selbstverachtung schützen. Hochmut und Verzagtheit stehen uns schlecht an. Laß uns demütig sein und das Unsrige tun, soweit es an uns liegt. Alles andere dürfen wir dann getrost dir überlassen.

**zur Reihe III:** Lohn der Nachfolge (Lk 18,28-3o)
Herr, unser Gott, die verwandtschaftlichen Bindungen hat dein Sohn Jesus Christus relativiert. Du bist der Vater im Himmel. In den Mitmenschen sollen wir unsere Brüder und Schwestern erkennen und die Geschwisterlichkeit in der Gemeinde üben und pflegen. Du weißt, daß uns das nur ansatzweise gelingt. Wir bitten dich: Halte uns mit dir und untereinander in Liebe verbunden.

## 15. SONNTAG NACH TRINITATIS

**zur Reihe IV:** Einer trage des anderen Last (Gal 5,25-6,1o)
Herr, unser Gott, dein Sohn hat uns vorgelebt, was es heißt, daß einer des anderen Last trägt. Wir tun uns schwer damit. Manche Menschen sind uns unsympathisch und wir gehen ihnen lieber aus dem Weg. Hilf uns, daß wir einander tragen, ertragen und vertragen. Wir sind dir nicht lästig, sondern du trägst uns mit Geduld. Gib uns die Kraft, es dir nachzutun.

**zur Reihe V:** Senfkorn-Glaube (Lk 17,5-6)
Herr, unser Gott, du kennst unseren Kleinglauben und wie leicht wir verzagen. Wir bitten dich: Laß unseren Senfkornglauben wachsen. Mach uns stark in der Liebe und laß unsere Hoffnung nicht schwinden. Gib uns die Demut, auch das aus deiner Hand anzunehmen, was uns schwer ist und leidvoll. Was wachsen will, braucht Feuchtigkeit. Vielleicht braucht der Glaube Tränen, um zu reifen. Herr, mach uns stark im Glauben.

**zur Reihe VI:** Erschaffung des Menschen (Gen 2,4-15)
Herr, unser Gott, du hast uns gewollt. Dir verdanken wir, daß wir sind. Wir danken dir für jeden neuen Tag, für alle Freude, die du für uns bereithältst, für alle Kraft, die du uns gibst zu unserem Tun. Laß uns nicht vergessen, daß es aus ist mit uns, wenn du den Odem zurücknimmst. Wenn unser Leib am Ende ist, dann vollende uns bei dir.

## FÜRBITTENGEBET

Herr, an diesem Tag bitten wir dich für die Menschen, deren Schmerz und Leid sie blind macht für dich. Zeige du dich ihnen, damit sie ihre Hoffnung auf dich setzen und Geborgenheit in dir erfahren. Wir bitten dich für die, denen kein Arzt mehr helfen kann, für die, deren Ehe zerbrochen ist oder wo Beziehungen abgestorben sind. Herr, du weißt Rat, wo wir ratlos sind. Du weißt Wege, wo wir nur Auswegslosigkeit sehen. Wir bitten dich um dein Erbarmen. Vergiß auch jene nicht, die ihre Hände nicht zum Gebet falten, weil ihr Schmerz sie blind macht. Amen.

## 16. SONNTAG NACH TRINITATIS

**Wochenspruch:** Christus Jesus hat dem Tod die Macht genommen und das Leben und ein unvergängliches Wesen ans Licht gebracht durch das Evangelium. 2 Tim 1,1ob

### PSALM

Herr, neige deine Ohren und erhöre mich;
denn ich bin elend und arm.

Singet Gott, lobsinget seinem Namen!
    Macht Bahn dem, der durch die Wüste einherfährt;
er heißt Herr.
    Freuet euch vor ihm!
(Gott loben das ist unser Amt.
    Gott preisen macht uns frei von uns selbst.
Die Wüste verliert ihre Schrecken,
    denn Gott ist an unserer Seite.)
Ein Vater der Waisen und ein Helfer der Witwen
    ist Gott in seiner heiligen Wohnung,
ein Gott, der die Einsamen nach Hause bringt,
    der die Gefangenen herausführt, daß es ihnen wohlgehe.
Gelobt sei der Herr täglich.
    Gott legt uns eine Last auf, aber er hilft uns auch.
(Er ist nicht f ü r das Leid,
    aber er ist im Leid d a b e i.)
Wir haben einen Gott, der da hilft,
    und den Herrn, der von Tode errettet.

Herr, neige deine Ohren und erhöre mich;
denn ich bin elend und arm.

nach Ps 86,1/Ps 68

## 16. SONNTAG NACH TRINITATIS

### KOLLEKTENGEBET

Jesus Christus, Herr und Bruder, in deiner Hand liegen die Schlüssel des Himmels und der Hölle. Wir bitten dich: Stärke in uns die Hoffnung, daß wir deine Herrlichkeit, dein Herrsein schauen werden, der du mit dem Vater in der Einheit des Heiligen Geistes lebst und regierst von Ewigkeit zu Ewigkeit. Amen.

### GEBET

**zur Reihe I:** Auferweckung des Lazarus (Jo 11,1-45)
Gott, gütiger Vater, wie Marta so sagen auch wir manchmal "wenn du hier gewesen wärest..." und "hättest du...". Wir versuchen, uns in Gedanken einen anderen Ausgang der Dinge auszudenken. Protest gegen die Macht des Todes steckt dahinter, der Wunsch, du hättest alles doch anders lenken können, das bittere Ende abwenden können. Dein Sohn hat uns dessen gewiß gemacht, daß der Tod nur die Tür aufhalten darf zur Ewigkeit, daß seine endültige Macht gebrochen ist, daß vielmehr du sagen wirst, was am Ende gültig ist. Wir loben und preisen dich für diese Hoffnung.

**zur Reihe II:** Der Tod ist entmachtet (2 Tim 1,7-1o)
Gott, gütiger Vater, dein Sohn will uns frei machen von dem Geist der Furcht. Mit dem Geist der Liebe und Besonnenheit will er uns erfüllen. Wir bitten dich: Sende uns diesen Geist, der uns alles von dir erwarten läßt und uns gelassen macht, weil wir uns dir überlassen. Diese Gewißheit, daß du unsere Zukunft in Händen hast, mache uns tüchtig für die Gegenwart.

**zur Reihe III:** Barmherzigkeit ohne Ende (Klagel 3,22-32)
Gott, gütiger Vater, du gibst nicht auf, was an uns brüchig ist. Du versetzt uns nicht den letzten Stoß, sondern legst deine heilende, barmherzige Hand auf uns. Gib auch uns offene Augen für jene, die an sich oder anderen zu zerbrechen drohen. Schenke uns gute Worte für sie und hilfreiche Taten. Und wenn wir ohnmächtig sind und tatenlos zusehen müssen, dann gib uns die Kraft, es auszuhalten.

## 16. SONNTAG NACH TRINITATIS

**zur Reihe IV:** Die Türen taten sich auf (Apg 12,1-11)
Gott, gütiger Vater, wir alle haben dies schon erlebt, daß wir nicht mehr weiter wußten, daß wir uns verrant hatten, uns in Schuld verstrickten oder keinen Ausweg aus einer verfahrenen Situation sahen. Wir waren wie gefesselt, gelähmt und am Ende mit unserer Kraft. Und doch ging es weiter, öffneten sich Türen, zeigten sich Wege, wuchs uns Kraft zu. Herr, wir sagen dir Dank für deine Engel, die fast immer ein menschliches Gesicht haben. Laß auch uns anderen zu Boten deines Heiles werden.

**zur Reihe V:** Der Jüngling zu Nain (Lk 7,11-16)
Gott, gütiger Vater, dein Sohn setzte dem Leichenzug von Nain seinen Protestzug gegen den Tod entgegen und brachte ihn zum Stehen - den jungen Mann zum Auferstehen. Wir bitten dich für alle, die der Tod beraubt hat, die Abschied nehmen mußten von geliebtem Leben: Mach sie gewiß, daß du mit uns nicht am Ende bist, wenn unser Leib am Ende seiner Kraft ist. Erfülle uns mit der Hoffnung auf eine Zukunft bei dir.

**zur Reihe VI:** Vertrauen! (Hebr 1o,35-39)
Gott, gütiger Vater, vor dir können wir nicht bestehen, wenn wir auf unsere Taten und Untaten, auf den Mangel an Liebe und den Überfluß an Bosheit schauen. Aber wir werfen unser Vertrauen nicht weg, daß deine Barmherzigkeit größer ist als dein Zorn. Erbarme dich unser.

## FÜRBITTENGEBET

Herr Gott, Vater in Ewigkeit, gib uns deinen Geist, daß er unser Herz fröhlich und unseren Mund singen macht. Laß dir unser Lob gefallen, bis wir dereinst vor dir stehen dürfen, wie du es versprochen hast. Herr, wir bitten dich für die Mutlosen und Verzagten, für die an Leib und Seele Erkrankten, für die Traurigen und die Einsamen: Laß sie wieder einstimmen in den Gesang derer, die dich loben. Gib ihnen festen Glauben und neue Hoffnung. Herr, hilf, daß unser Leben ein Lobpreis deines Namens sei, daß wir dir in all unserem Reden und Tun die Ehre geben. Amen.

## 17. SONNTAG NACH TRINITATIS

**Wochenspruch:** Unser Glaube ist der Sieg, der die Welt überwunden hat.

1 Joh 5,4c

### PSALM

Das ist meine Freude, daß ich mich zu Gott halte
und meine Zuversicht setze auf Gott den Herrn,
daß ich verkündige all dein Tun.

Der Herr ist gut und gerecht;
    darum weist er Sündern den Weg.
(Die sich verirren, die führt er zurück.
    Er lehrt uns, nach seinem Willen zu fragen.)
Die Wege des Herrn sind lauter Güte und Treue
    für alle, die seinen Bund und seine Gebote halten.
Um deines Namens willen, Herr,
    vergib mir meine Schuld, die so groß ist!
(Ich will Gottes Nähe suchen,
    ihn bitten, daß er mich nicht verlorengehen läßt.)

Das ist meine Freude, daß ich mich zu Gott halte
und meine Zuversicht setze auf Gott den Herrn,
daß ich verkündige all dein Tun.

nach Ps 73,28/Ps 25

## 17. SONNTAG NACH TRINITATIS

### KOLLEKTENGEBET

Jesus Christus, Herr und Bruder, du bist der Anfänger und Vollender des Glaubens. Du hast an der Güte Gottes festgehalten in guten und in bösen Tagen. Wir bitten dich: Schenke uns den Glauben, der sich auf Gott verläßt, auch wenn alles danach aussieht, als habe er uns verlassen. Herr, wir glauben, hilf unserem Unglauben, der du mit dem Vater in der Einheit des Heiligen Geistes lebst und regierst von Ewigkeit zu Ewigkeit. Amen.

### GEBET

**zur Reihe I:** Die kanaanäische Frau (Mt 15,21-28)
Himmlischer Vater, diese heidnische Frau machte sich vor Jesus klein wie ein Hund. Mit ihrer Liebe zu ihrem Kind besiegte sie alle Abweisung und ließ sich nicht von Jesus abbringen. Wir bitten dich um solche Demut, um solches Festhalten an deiner Barmherzigkeit. Laß uns nicht irre werden daran, daß dein letztes Wort über uns das Heil bringen wird.

**zur Reihe II:** Wort - Predigt - Glaube (Rö 1o,9-18)
Himmlischer Vater, in Jesus hast du uns deine Liebe offenbart. In ihm sehen wir, wie du uns Menschen gedacht hast: im Leben und Sterben mit dir verbunden durch Liebe und Vertrauen. Wir bitten dich: Hilf, daß unser Bekenntnis nicht nur auf den Lippen ist, sondern aus ganzem Herzen kommt, daß unser Vertrauen zu dir unser Lebenszentrum bestimmt und von dort Hände und Füße regiert.

**zur Reihe III:** Der epileptische Junge (Mk 9,17-27)
Himmlischer Vater, du weißt, wie schwer es ist, ohnmächtig dazustehen und nicht helfen zu können, wo man helfen möchte. Es gehört zu unseren leidvollen Erlebnissen, daß unsere Möglichkeiten begrenzt sind. Du aber hast uns erlaubt, gerade dann zu dir zu rufen. Sieh nicht unseren schwachen Glauben an, sondern erbarme dich über die Not derer, denen wir nicht helfen können.

## 17. SONNTAG NACH TRINITATIS

**zur Reihe IV:** Der Gottesknecht (Jes 49,1-6)
Himmlischer Vater, du willst zu uns reden durch das Wort von Menschen. Du kannst ihr Wort zu deinem Wort machen, das uns tröstet, ermahnt und aufrichtet. Wir bitten dich für alle, die im Dienst deiner Verkündigung stehen: Laß sie nicht in Resignation fallen, gib ihnen Klarheit der Gedanken und treffende Worte. Gib uns allen die rechten Worte zur rechten Zeit, wenn es gilt, dich zu bezeugen.

**zur Reihe V:** Sehend, aber dennoch blind (Jo 9,35-41)
Himmlischer Vater, Hören, das nicht zum Gehorsam führt, taugt nichts. Sehen, das uns nicht neuen Durchblick, Weitblick und Ausblick schenkt, ist erblindetes Sehen. Herr, du willst uns Ohren und Augen öffnen. Hilf, daß wir aus den vielen Worten dein Wort, deinen An-spruch heraushören, daß wir die Welt, uns selbst und unsere Nächsten mit neuen Augen sehen.

**zur Reihe VI:** Ein Herr, ein Glaube (Eph 4,1-6)
Himmlischer Vater, wir haben die Spaltungen deiner Kirche zwar nicht herbeigeführt, doch werden wir an ihnen mitschuldig, wenn wir an ihnen festhalten, statt sie zu überwinden helfen. Hilf, daß wir dich einmütiger und glaubhafter bezeugen, daß wir nicht mehr länger an getrennten Tischen das Mahl der Versöhnung feiern, als wären wir einander feind. Herr, gib uns Geduld, aber auch Ungeduld mit den ökumenischen Bemühungen, denn dein Sohn hat um die Einheit seiner Kirche gebetet.

### FÜRBITTENGEBET

Du, Herr, weißt, wie schnell wir irre werden an deiner Liebe, wenn uns Leidvolles widerfährt. Deine Wege mit uns sind nicht immer frei von Schmerzen des Leibes und der Seele. Doch wir wollen darauf vertrauen, daß uns alles zum Besten dienen muß. Hilf, daß wir einander beistehen in den Stunden des Kleinglaubens und der Verzagtheit. Gib uns die Gewißheit, daß du es gut mit uns meinst. Amen.

## 18. SONNTAG NACH TRINITATIS

**Wochenspruch:** Das Gebot haben wir von ihm, daß, wer Gott liebt, daß der auch seinen Bruder liebe.    1 Joh 4,21

### PSALM

Herr, deine Güte reicht, so weit der Himmel ist,
und deine Wahrheit, so weit die Wolken gehen.

Wohl dem, der nicht wandelt im Rat der Gottlosen
noch tritt auf den Weg der Sünder
    noch sitzt, wo die Spötter sitzen,
sondern hat Lust am Gesetz des Herrn
    und sinnt über seinem Gesetz Tag und Nacht!
(Wohl dem, der die Bibel liest
    und ernsthaft fragt nach Gottes Wort.
Der wird finden, was er zum Leben braucht;
    er wird Früchte ernten von seinem Tun.)
Der ist wie ein Baum, gepflanzt an den Wasserbächen,
    der seine Frucht bringt zu seiner Zeit,
und seine Blätter verwelken nicht.
    Und was er macht, das gerät wohl.
(Die Gottlosen aber sind wie Blätter im Wind:
    Sie haben keinen bleibenden Ort.)

Herr, deine Güte reicht, so weit der Himmel ist,
und deine Wahrheit, so weit die Wolken gehen.

nach Ps 36,6/Ps 1

## 18. SONNTAG NACH TRINITATIS

### KOLLEKTENGEBET

Jesus Christus, Herr und Bruder, du bist uns gnädig, laß uns gnädig sein. Du bist barmherzig, laß uns Barmherzigkeit üben. Du hast Geduld mit uns, gib uns Geduld miteinander. Laß unsere Liebe sich an deiner Liebe ausrichten, der du mit dem Vater in der Einheit des Heiligen Geistes lebst und regierst von Ewigkeit zu Ewigkeit. Amen.

### GEBET

**zur Reihe I:** Das größte Gebot (Mk 12,28-34)
Allmächtiger Gott, du hast uns geboten, unseren Nächsten zu lieben. Als Maß solcher Liebe hast du das Maß gesetzt, mit dem wir uns selbst lieben. Du willst nicht, daß wir uns hassen, uns in Nächstenliebe aufopfern und uns selbst zerstören. Du willst aber auch nicht, daß unser Nächster ein Opfer unserer Eigenliebe wird. Hilf uns, das rechte Maß zu finden.

**zur Reihe II:** Gerechtigkeit, Friede, Freude (Rö 14,17-19)
Allmächtiger Gott, du bist der Gastgeber, wenn wir an deinen Tisch treten, wenn dein Sohn sich in Brot und Wein an uns austeilt. Du willst uns zu einer großen Familie, zur Geschwisterlichkeit, zusammenführen. Laß uns erkennen, daß du der Hausherr und Gastgeber bist, daß wir dich in der Gabe wahrnehmen und dadurch gestärkt werden im Glauben, Lieben und Hoffen.

**zur Reihe III:** Verkaufe alles! (Mk 1o,17-27)
Allmächtiger Gott, was wir haben, das haben wir zuvor empfangen. Wir können abgeben, ohne uns deswegen im Lebensstandard einschränken zu müssen. Du meinst es gut mit uns. Wir bitten dich: Laß uns frei sein im Umgang mit dem, was wir früher oder später sowieso hergeben müssen. Laß Geld und Besitz nicht zwischen dich und uns treten. Hilf uns, verantwortlich umzugehen mit dem, was du uns anvertraust.

## 18. SONNTAG NACH TRINITATIS

**zur Reihe IV:** Ansehen der Person (Jak 2,1-13)
Allmächtiger Gott, nicht alle Menschen sind uns in gleicher Weise lieb und wert. Manche fallen uns sogar schwer. Wir bitten dich: Gib, daß wir mit diesen wenigstens fair und höflich umgehen, wenn es schon nicht zur Herzlichkeit reicht. Laß deine Gemeinde einen Ort sein, wo wir uns in Liebe üben; wo ein jeder seinen Platz hat, weil du ihm und uns Platz gewährst.

**zur Reihe V:** Die Zehn Gebote (Ex 2o,1-17)
Allmächtiger Gott, deine Gebote beginnen mit der Zusage, daß du, Herr, unser Gott sein wirst. Alle weiteren Gebote sind Folgerungen aus dieser Zusage. Wenn du unser Gott bist, dann werden wir keine anderen Götter brauchen; dann werden wir deinen Namen hoch achten und deinen Feiertag heiligen; dann werden nicht meinen, wir kämen zu kurz im Leben und müßten uns durch Unrecht schadlos halten. Herr, hilf uns, deine Gebote zu achten. Wir wollen dich als unseren Herrn annehmen und ehren.

**zur Reihe VI:** Kaufet die Zeit aus! (Eph 5,15-21)
Allmächtiger Gott, wir werden ermahnt, dich zu loben und Dankbarkeit zu üben. Du willst, daß unsere Herzen weit werden und Wärme ausstrahlen für unsere Mitmenschen; daß wir die Liebe, von der wir leben, liebend an andere weitergeben; daß wir selbstkritisch werden und Barmherzigkeit üben, weil wir selbst auf dein Erbarmen angewiesen sind. Herr, du weißt, wie schwer wir uns damit tun, deinem Sohn ähnlicher zu werden. Hilf uns, Herr.

### FÜRBITTENGEBET

Herr, weil du uns liebst, laß uns Liebe weitergeben, daß wir keinen aus unserer Gemeinschaft ausschließen. Wir bitten dich für die ganze Christenheit, die noch immer an getrennten Tischen dein Brot bricht. Mach dem Streit der Konfessionen ein Ende, damit deine frohe Botschaft nicht länger verdunkelt wird. Laß uns in der Einheit mit dir zur Einheit der Kirche finden. Amen.

## 19. SONNTAG NACH TRINITATIS

**Wochenspruch:** Heile du mich, Herr, so werde ich heil; hilf du mir, so ist mir geholfen.  Jer 17,14

## PSALM

Freuet euch des Herrn und seid fröhlich, ihr Gerechten, und jauchzet alle ihr Frommen.

Wohl dem, dem die Übertretungen vergeben sind,
    dem die Sünde bedeckt ist!
Wohl dem Menschen, dem der Herr die Schuld
nicht zurechnet,
    in dessen Geist kein Trug ist!
(Aufatmen kann, wem die Sünde nicht vorgehalten wird.
    Glücklich mag sich preisen, wem vergeben wird.
So lange ich es nicht wahr haben wollte, daß ich sündigte,
    so lange ging es bergab mit mir.)
Ich sprach: Ich will dem Herrn
meine Übertretungen bekennen.
    Da vergabst du mir die Schuld meiner Sünde.
(Als ich bekannte, wie es wirklich um mich stand,
    konnte ich die Maske ablegen.
Nun darf ich sein, der ich bin.
    Ich kann mich annehmen, weil du mich nicht verwirfst.)

Freuet euch des Herrn und seid fröhlich, ihr Gerechten, und jauchzet alle ihr Frommen.

nach Ps 32

## 19. SONNTAG NACH TRINITATIS

### KOLLEKTENGEBET

Jesus Christus, Herr und Bruder, wenn du uns hilfst, so ist uns geholfen. Sprich nur ein Wort, so werden wir gesund. Laß deine Liebe uns wandeln, dein Erbarmen uns prägen, deine Hoffnung uns erfüllen, der du mit dem Vater in der Einheit des Heiligen Geistes lebst und regierst von Ewigkeit zu Ewigkeit. Amen.

### GEBET

**zur Reihe I:** Heilung des Gelähmten (Mk 2,1-12)
Vater Jesu Christi, jener Gelähmte in Kapernaum hatte Freunde, die sich nicht abhalten ließen, ihm zu helfen. Sie fanden Mittel und Wege und traten stellvertretend mit ihrem Glauben vor deinem Sohn für den Kranken ein. Herr, mach auch uns erfinderisch, wenn es gilt, einem anderen Menschen zu helfen. Deine Vergebung will uns von Fesseln und Lähmungen befreien. Herr, heile uns, daß wir als Geheilte anderen Heilung bringen können.

**zur Reihe II:** Erneuert euch im Geist! (Eph 4,22-32)
Vater Jesu Christi, wenn wir das doch nur könnten, wie eine Schlange die alte Haut abstreifen, das Schlechte an uns wie einen Mantel einfach ablegen. Doch wenn wir sagen, wir könnten nicht aus unserer Haut, könnten nicht über unseren Schatten springen, so würden wir die Macht deines wandelnden Geistes leugnen. Herr, du selbst mußt uns erneuern, den alten Adam in uns töten, daß wir dir dienen.

**zur Reihe III:** Jesus heilte viele Kranke (Mk 1,32-39)
Vater Jesu Christi, wir hätten es gerne, wenn wir dich nur anrufen müßten, und schon würdest du alle Nöte beheben. Doch du lehrst uns, daß es Wichtigeres gibt als Wohlbefinden und Wohlstand. Laß uns nicht vergessen, daß dein Heil mehr umfaßt als nur irdisches Heil; daß das Grundübel unser Rebellentum gegen dich ist. Hilf, daß wir alle Selbstherrlichkeit ablegen und dich unseren Herrn sein lassen.

## 19. SONNTAG NACH TRINITATIS

**zur Reihe IV:** Das Gebet vermag viel (Jak 5,13-16)
Vater Jesu Christi, wir sollen die Kranken unsere Nähe spüren lassen, sie salben und sie dir anbefehlen. Hilf uns, Herr, die Chancen einer Krankheit zu erkennen, uns zu besinnen auf das Wesentliche. Und wenn es dem Ende zugeht, so gib uns Menschen zur Seite, die uns beistehen. Laß, daß wir im Frieden mit unseren Mitmenschen, im Frieden mit uns selbst, aber vor allem im Frieden mit dir unsere Augen schließen.

**zur Reihe V:** Am Teich Bethesda (Jo 5,1-16)
Vater Jesu Christi, keinen Menschen zu haben, dem wir etwas bedeuten, der nach uns fragt und sich um uns kümmert, ist bitter. Wir brauchen nicht nur Sauerstoff und Nahrung. Wir brauchen auch Zuwendung und Achtung. Herr, hilf, daß wir einander dies nicht schuldig bleiben, daß wir füreinander zum Brot werden und zur Quelle der Freude. Laß uns den Hunger nach Liebe, den Durst nach Gerechtigkeit nicht übersehen.

**zur Reihe VI:** Moses hält Fürbitte (Ex 34,4-1o)
Vater Jesu Christi, Fürbitte für andere tun, das kann jeder - auch wenn er alt und gebrechlich ist. Das ist unsere vornehmlichste Aufgabe in der Gemeinde. Wer weiß, wie es um die Welt bestellt wäre, wenn es die treuen Beter nicht gäbe! Mose trat für sein Volk ein. Wir bitten dich: Erhöre unser Gebet, wenn wir für die eintreten, die du uns besonders ans Herz gelegt hast, für die wir Verantwortung tragen.

## FÜRBITTENGEBET

Vater im Himmel, wir haben uns viele technische Hilfen einfallen lassen. Wir danken dir für die Bequemlichkeit des Verkehrs, für die Erfindungen, die das Leben erleichtern. Wir wissen aber auch um die Gefahren und das Unheil, die sie mit sich bringen können. Wir bitten dich: Laß uns verantwortlich umgehen mit dem wissenschaftlichen und technischen Fortschritt. Behüte uns vor Leichtsinn. Laß uns unserer Verantwortung stets bewußt sein. Amen.

## 20. SONNTAG NACH TRINITATIS

**Wochenspruch:** Es ist dir gesagt, Mensch, was gut ist und was der Herr von dir fordert, nämlich Gottes Wort halten und Liebe üben und demütig sein vor deinem Gott.

Mich 6,8

### PSALM

Dein Wort ist meines Fußes Leuchte
und ein Licht auf meinem Wege.

(Böse Weg will ich meiden,
    damit ich deine Stimme höre, mein Gott.
Deine Gebote will ich achten;
    wie süße Speise sei mir dein Wort.)
Ich verwehre meinem Fuß alle bösen Wege,
    damit ich dein Wort halte.
Dein Wort macht mich klug;
    darum hasse ich alle falschen Wege.
Ich schwöre und will's halten:
    Die Ordnungen deiner Gerechtigkeit will ich bewahren.
(Denn Sünde hat mich gedemütigt,
    aber deine Vergebung, Herr, richtet mich auf.
Laß dir mein Gebet gefallen, mein Gott,
    gib mir Orientierung und Geleit!)

Dein Wort ist meines Fußes Leuchte
und ein Licht auf meinem Wege.

nach Ps 119

## 20. SONNTAG NACH TRINITATIS

### KOLLEKTENGEBET

Jesus Christus, Herr und Bruder, in deinem Wort und Sakrament kommst du uns nahe. Du willst uns von innen heraus wandeln, daß wir dir nachfolgen. Wir bitten dich: Steck uns an mit dem Feuer deiner göttlichen Liebe, der du mit dem Vater in der Einheit des Heiligen Geistes lebst und regierst von Ewigkeit zu Ewigkeit. Amen.

### GEBET

**zur Reihe I:** Ehescheidung? (Mk 10,2-16)
Gott, unser Vater, wir haben alle einmal ideale Vorstellungen von der Ehe gehabt. Wir erkennen, wie weit wir hinter den Wunschbildern zurückbleiben, wie schwankend unsere Gefühle, wie schwach unsere Treue sein können. Immer wieder fehlt es uns an Liebe, an Treue, an Vergebungsbereitschaft. Wir bitten dich, Herr: Gib allen, die sich um einen Neubeginn mühen, deinen Segen.

**zur Reihe II:** Heiligung (1 Thess 4,1-8)
Gott, unser Vater, du hast uns mit allen unseren Sinnen geschaffen, und wir dürfen uns an ihnen freuen. Hilf, daß wir auch aneinander Freude haben, daß wir uns achten und lieben, daß wir verantwortungsvoll mit unserem Leib umgehen und die Seele anderer nicht verletzen. Laß alle Lust eingebettet und getragen sein von der Liebe.

**zur Reihe III:** Der Regenbogen (Gen 8,18-22)
Gott, unser Vater, die Welt ist auf mancherlei Weise bedroht. Wir selbst sind es, die sie mit einer neuen Sintflut vernichten könnten. Herr, zieh deine bewahrende Hand nicht von uns ab, daß wir deine Schöpfung nicht zerstören. Gib, daß ein jeder sich so verhält, daß wir unseren Nachkommen eine bewohnbare Erde zurücklassen, daß der Regenbogen ausgespannt bleibt über uns.

## 20. SONNTAG NACH TRINITATIS

**zur Reihe IV:** Haben als hätte man nicht (1 Kor 7,29-31)
Gott, unser Vater, alle guten Gaben kommen von dir. Wer sie mit Dank empfängt, dem sind sie keine Sünde. Du kennst aber die verführerische Kraft der Dinge. Bewahre uns davor, daß wir unfrei werden, daß wir uns abhängig machen von irdischen Dingen. Hilf uns, die Dinge zu haben, als hätten wir sie nicht, damit wir unsere innere Freiheit bewahren und sie jederzeit loslassen können und so uns einzig und allein auf dich verlassen.

**zur Reihe V:** Frage der Sabbatheiligung (Mk 2,23-28)
Gott, unser Vater, wir brauchen Regeln und Ordnungen, Sitten und Gewohnheiten, die uns entlasten und helfen, uns zurechtzufinden. Hilf, daß sie uns nicht zum Gesetz werden und uns knechten, sondern uns dienen. Hilf uns, das rechte Maß zu finden zwischen Bindung und Freiheit, zwischen Gesetzlichkeit und Willkür. Laß über allem die Liebe stehen.

**zur Reihe VI:** Der Buchstabe tötet (2 Kor 3,3-9)
Gott, unser Vater, wir sollen ein Brief Christi sein an die Welt. An uns soll jeder deine Liebe ablesen können. Traust du uns nicht zu viel zu? Du kennst unsere Halbherzigkeiten, unsere Trägheit und Ichbezogenheit. Wir bitten dich, Herr: Hilf uns, daß man an uns etwas ablesen kann von deiner Liebe, daß wir ein Spiegel deiner Barmherzigkeit und Güte werden, daß wir zu Recht den Namen deines Sohnes tragen.

## FÜRBITTENGEBET

Himmlischer Vater, gütiger Gott, wir sagen dir Dank für diesen neuen Tag. Wir danken dir, daß du es gut mit uns meinst. Wir haben viel Grund, dich zu loben und zu preisen. Hilf uns, die Liebe, mit der du uns segnest, weiterzugeben. Gib uns offene Augen und Ohren, damit wir es wahrnehmen, wo uns jemand braucht. Wehre der Trägheit des Herzens und mach unsere Hände und Füße willig, dir zu dienen. Laß unseren Dank in Taten münden. Amen.

## 21. SONNTAG NACH TRINITATIS

**Wochenspruch:** Laß dich nicht vom Bösen überwinden, sondern überwinde das Böse mit Gutem.     Röm 12,21

### PSALM

Die Furcht des Herrn ist rein und bleibt ewiglich.

Gottes Gebote sind köstlicher als Gold
und viel feines Gold,
    sie sind süßer als Honig und Honigseim.
Auch läßt dein Knecht sich durch sie warnen;
    und wer sie hält, der hat großen Lohn.
(Sie warnen uns vor großem Unglück.
    Wer die Gebote bewahrt, ist gut beraten.
Bewahre mich, Herr, vor dem Hochmut zu meinen,
    ich wüßte alles besser.
Sieh meinen Vorsatz
    und hilf mir, ihn zu halten.
Sei du meine Stütze
    und erbarme dich meiner.)
Laß dir wohlgefallen die Rede meines Mundes
und das Gespräch meines Herzens vor dir,
    Herr, mein Fels und mein Erlöser.

Die Furcht des Herrn ist rein und bleibt ewiglich.

    nach Ps 19

## 21. SONNTAG NACH TRINITATIS

### KOLLEKTENGEBET

Jesus Christus, Herr und Bruder, du kennst unsere Anfechtungen, unsere Mutlosigkeit und Schwachheit. Wir bitten dich: Rüste uns aus mit den Waffen deines Geistes. Schenke uns unerschütterlichen Glauben, nicht müde werdende Liebe und eine Hoffnung, die auch der Tod nicht zu zerstören vermag. Wir bitten um dein Erbarmen, der du mit dem Vater in der Einheit des Heiligen Geistes lebst und regierst von Ewigkeit zu Ewigkeit. Amen.

### GEBET

**zur Reihe I:** Feindesliebe (Mt 5,38-42)
Herr, unser Gott, du läßt die Sonne aufgehen über Böse und Gute, du läßt es regnen über Gerechte und Ungerechte. Wir danken dir, daß du uns nicht ausschließt. Dein Sohn hat uns gelehrt, das Gesetz des Ausgleichs von Schuld und Vergeltung durch Liebe zu überbieten. Was hätten wir auch im Gericht zu erwarten, wenn uns auf Punkt und Komma alles vergolten würde? Wir danken dir, daß wir auf dein Erbarmen hoffen dürfen.

**zur Reihe II:** Geistliche Waffenrüstung (Eph 6,1o-17)
Herr, unser Gott, die geistliche Waffenrüstung besteht zwar vor allem aus Verteidigungswaffen, doch Gaben wären uns lieber als Waffen. Hilf, daß die Mächte des Zweifels und der Anfechtung, die listigen Anschläge des Teufels, unseren Glauben nicht überwinden. Laß uns an deinem Wort und deiner Treue festhalten und bei dir bleiben - heute, morgen und in Ewigkeit.

**zur Reihe III:** Kreuzesnachfolge (Mt 1o,34-39)
Herr, unser Gott, dein Sohn ruft uns in die Kreuzesnachfolge. Das Kreuz macht uns Angst. Laß uns immer wieder über Karfreitag hinausschauen auf Ostern, damit wir gewiß bleiben: Was uns als Verlust erscheint, ist bei dir Gewinn. Du wirst das letzte, endgültige Wort sprechen. Und dein Wort - dafür steht Jesus ein - heißt: Leben, Liebe und Ewigkeit.

## 21. SONNTAG NACH TRINITATIS

**zur Reihe IV:** Suchet der Stadt Bestes (Jer 29,1-14)
Herr, unser Gott, es ist schwer in Situationen wie in der Babylonischen Gefangenschaft die Hoffnung durchzuhalten, daß deine Wege mit uns zu einem guten Ende führen werden. Wir danken dir, daß du uns die Zukunft offen hältst, daß du uns Heimat sein willst. Laß uns in die neue Woche gehen mit der Gewißheit, daß du bei uns sein wirst heute, morgen und in Ewigkeit.

**zur Reihe V:** Vollkommene Freude (Jo 15,9-17)
Herr, unser Gott, du ermahnst uns zur Liebe. Du verheißt uns Freude. Wir bitten: Laß uns menschliche Beziehungen höher achten als materiellen Wohlstand. Laß uns immer wieder zueinander finden, wenn Streit und Mißverständnisse unsere Gemeinschaft belasten. Hilf uns, wenn es darum geht, jemandem die Hand zu reichen oder ihn zurückzuführen in unsere Gemeinschaft. Laß Liebe und Freude triumphieren über alles Gekränktsein oder alle Rechthaberei.

**zur Reihe VI:** Viele Glieder am Leib (1 Kor 12,12-27)
Herr, unser Gott, du willst unser Hirte sein. Du willst die Einigkeit deiner Herde, daß sich keiner über den anderen erhebt, daß jeder geachtet sei in unserer Mitte. Wir bitten dich: Wehre allen, die Zwietracht säen. Laß uns in unserer Unterschiedlichkeit geschwisterlich miteinander umgehen zu deines Namens Ehre. Hilf, daß unser Zeugnis von dir nicht durch Streit untereinander unglaubwürdig wird.

### FÜRBITTENGEBET

Herr, himmlischer Vater, wir danken dir für diesen neuen Tag. Wir bitten dich: Leite uns durch deinen Geist, daß wir deinen Namen ehren. Dir befehlen wir alle an, die uns lieb und wert sind, die du uns in besonderer Weise vertraut gemacht hast. Leite sie auf rechtem Weg. Stehe ihnen bei, wenn sie in Versuchung geraten. Hilf, daß wir aneinander Halt finden. Wir bitten dich für die Menschen, von deren Not wir wissen: Höre du ihr Rufen, und laß sie gerade in den dunklen Stunden des Lebens deine Nähe erfahren. Amen.

## 22. SONNTAG NACH TRINITATIS

**Wochenspruch:** Bei dir ist die Vergebung, daß man dich fürchte.
Ps 13o,4

### PSALM

Denn so hoch der Himmel über der Erde ist,
läßt er seine Gnade walten über denen, die ihn fürchten.

Herr, erhöre mein Gebet,
    vernimm mein Flehen um deiner Treue willen,
und geh nicht ins Gericht mit deinem Knecht;
    denn vor dir ist kein Lebendiger gerecht.
(Wer könnte vor dir, Herr, bestehen?
    Wer dürfte vor dich fordernd hintreten?
Wer wollte Vergeltung verlangen für sein Tun
    und sich ein Verdammungsurteil bei dir holen?)
Ich breite meine Hände aus zu dir,
    meine Seele dürstet nach dir wie ein dürres Land.
Verbirg dein Antlitz nicht vor mir,
    daß ich nicht gleich werde denen,
    die in die Grube fahren.
Lehre mich tun nach deinem Wohlgefallen,
    denn du bist mein Gott;
    dein guter Geist führe mich auf ebner Bahn.

Denn so hoch der Himmel über der Erde ist,
läßt er seine Gnade walten über denen, die ihn fürchten.

nach Ps 1o3,11/Ps 143

## 22. SONNTAG NACH TRINITATIS

### KOLLEKTENGEBET

Jesus Christus, Herr und Bruder, deine Liebe ist größer als unsere Lieblosigkeit. Deine Treue hält unsere Untreue aus. Deine Barmherzigkeit umfaßt auch noch uns. Wir danken dir, Herr, für dein Erbarmen. Wir bitten dich: Hilf uns, daß wir den Ruf deiner Liebe beantworten, der du mit dem Vater in der Einheit des Heiligen Geistes lebst und regierst von Ewigkeit zu Ewigkeit. Amen.

### GEBET

**zur Reihe I:** Der unbarmherzige Knecht (Mt 18,21-35)
Gott, gütiger Vater, weil wir uns so schwer tun mit unserem eigenen Versagen, darum versagen wir anderen unsere Vergebung. Herr, laß uns barmherzig werden gegen uns selbst und gegenüber anderen. Als Begnadigte mache uns gnädig. Als Versöhnte laß uns Versöhnung üben. Wie du uns liebst, so laß uns einander lieben, damit dein Name verherrlicht werde.

**zur Reihe II:** Dank für die Gemeinde (Phil 1,3-11)
Gott, gütiger Vater, wir danken dir für alle Menschen, die uns auf unserem Lebensweg begleitet haben und gut zu uns sind. Wir danken dir für alle Menschen, die uns im Glauben bestärkt und unterwiesen haben. Halte uns in der Liebe und Fürbitte verbunden. Hilf, daß wir unser Herz und unseren Mund, unsere Hände und Füße in deinen Dienst stellen, daß wir dich bezeugen in Wort und Tat.

**zur Reihe III:** Streit in der Gemeinde (Mt 18,15-2o)
Gott, gütiger Vater, du willst nicht, daß wir Konflikte unter den Teppich kehren, verdrängen oder gar fromm zudecken. Hilf uns zu einer Kultur des Streitens, damit das Bessere und Wahre sich durchsetzen kann. Gib uns Demut, nachzugeben und Irrtümer einzusehen. Laß uns nicht im Andersdenkenden einen Feind sehen, sondern einen Menschen, der die Dinge eben anders - vielleicht sogar besser - sieht als wir selbst. Laß den Frieden wichtiger sein als Rechtbehalten zu haben.

## 22. SONNTAG NACH TRINITATIS

**zur Reihe IV:** Wollen und Vollbringen (Rö 7,14-25)
Gott, gütiger Vater, wir leiden unter der Diskrepanz von gutem Wollen und schlechtem Vollbringen. Wir möchten dir dienen. Doch da ist etwas in uns, das uns immer wieder zu dir in Gegensatz bringt. Wir selbst können uns nicht am eigenen Schopf aus dem Sumpf ziehen. Die Hilfe muß von außen kommen. Wir danken dir, daß du uns nicht verwirfst, daß du uns in Christus deine Vergebung anbietest.

**zur Reihe V:** Liebe üben und demütig sein (Mich 6,6-8)
Gott, gütiger Vater, dein Wort sollen wir halten, Liebe üben und demütig sein vor dir. Herr, du weißt, wie weit wir von diesem Ziel entfernt sind. Wir bitten dich: Hilf uns, daß wir deinen Willen tun. Kräftige unser Vertrauen zu dir, daß du es gut mit uns meinst. Entzünde in uns die Liebe, die du als Antwort suchst. Erfülle uns mit der Hoffnung, die alles von dir erwartet.

**zur Reihe VI:** Bruderliebe (1 Joh 2,7-17)
Gott, gütiger Vater, wir haben die Welt und unser Leben lieb. Wir müssen deine Schöpfung nicht mißachten und geringschätzen, denn aus deiner Hand kommt sie. Hilf uns, daß wir die Welt und unser Leben nicht nur als Gabe begreifen, sondern dich als den Geber darin erkennen, daß wir nach deinem Willen leben und in Ewigkeit mit dir verbunden bleiben.

### FÜRBITTENGEBET

Lieber Gott, Vater im Himmel, wir danken dir, daß wir wie Kinder vertrauensvoll zu dir sprechen dürfen. Oft sind wir mutlos und verzagt, undankbar und unzufrieden, kleingläubig und ohne Hoffnung. Du aber hast versprochen, bei uns zu sein in den Stürmen des Lebens. Stille du die Stürme in unseren Herzen und mach uns gewiß, daß du bei uns bist, wenn die Angst nach uns greift. Bleibe bei uns, Herr. Amen.

## 23. SONNTAG NACH TRINITATIS

**Wochenspruch:** Dem König aller Könige und Herrn aller Herren, der allein Unsterblichkeit hat, dem sei Ehre und ewige Macht.                          1 Tim 6,15b.16

### PSALM

Herr, deine Güte ist ewig.
Das Werk deiner Hände wollest du nicht lassen.

Der Herr schaut vom Himmel
    und sieht alle Menschenkinder.
Er lenkt ihnen allen das Herz,
    er gibt acht auf alle ihre Werke.
(Sein Auge leitet uns,
    daß wir ihm nicht aus dem Blick geraten.
Wie eine Mutter auf ihr Kind schaut,
    so schaut er nach uns.)
Siehe, des Herrn Auge achtet auf alle, die ihn fürchten,
    die auf seine Güte hoffen.
Unsere Seele harrt auf den Herrn;
    er ist uns Hilfe uns Schild.
(Er nimmt uns in Schutz;
    unter seinem Erbarmen finden wir Zuflucht.)
Deine Güte, Herr, sei über uns,
    wie wir auf dich hoffen.

Herr, deine Güte ist ewig.
Das Werk deiner Hände wollest du nicht lassen.

                               nach Ps 138,8/Ps 33

## 23. SONNTAG NACH TRINITATIS

### KOLLEKTENGEBET

Jesus Christus, Herr und Bruder, du bist, ehe wir waren. Du wirst sein, wenn wir nicht mehr sind. Daß wir bei dir nicht verloren sind, wenn wir unser Leben verlieren, daß du uns vollenden willst, wenn unser Leben endet, dafür sagen wir dir Dank. In deiner Hand liegen Anfang und Ende bschlossen, der du mit dem Vater in der Einheit des Heiligen Geistes lebst und regierst von Ewigkeit zu Ewigkeit. Amen.

### GEBET

**zur Reihe I:** Steuer zahlen? (Mt 22,15-22)
Himmlischer Vater, wenn wir dem Kaiser geben sollen, was des Kaisers ist, und dir geben sollen, was dir gehört, dann heißt das, daß wir dir nichts weniger schuldig sind als unser Leben. Wir bitten dich: Hilf uns, daß wir uns als Leihgabe an uns selbst verstehen, daß alle Kraft und alle Lebenszeit nur auf Zeit verliehen ist. Laß uns dein eigen sein und bleiben.

**zur Reihe II:** Heimat im Himmel (Phil 3,17-21)
Himmlischer Vater, unser Bürgerrecht ist im Himmel. Laß uns über solchem Wissen die irdische Heimat nicht geringachten, daß wir uns nicht aus der Verantwortung für die Welt und unser Leben stehlen. Wenn du uns auch dereinst verwandeln willst, so laß uns doch heute das tun, was uns aufgetragen ist. Hilf uns, daß wir deinem Namen keine Schande bereiten.

**zur Reihe III:** Knecht und Herr (Jo 15,18-21)
Himmlischer Vater, wir erleben zwar keine Christenverfolgung unter uns, doch wir werden belächelt und unser Glaube an dich wird als überholt und unbedeutend abgetan. Wir bitten dich: Stärke unseren Glauben. Mach uns fest in aller Anfechtung. Laß uns treu sein und deinem Wort trauen. Hilf, daß wir uns zu dir bekennen, wie du dich in deinem Sohn zu uns bekannt hast.

## 23. SONNTAG NACH TRINITATIS

**zur Reihe IV:** Gehorsam der Obrigkeit? (Rö 13,1-7)
Himmlischer Vater, es ist ein Leichtes, die zu kritisieren, die Verantwortung tragen in Staat, Gesellschaft und Wirtschaft. Wir bitten dich: Laß alles redliche Mühen um Frieden und Gerechtigkeit in unserem Land und weltweit gesegnet sein. Laß die Politiker ihre Macht nutzen zum Wohle aller. Laß sie eingedenk sein, daß sie sich vor dir werden verantworten müssen. Und laß uns das Unsrige tun und etwas beitragen zum Wohl der Gemeinschaft.

**zur Reihe V:** Vom Schwören (Mt 5,33-37)
Himmlischer Vater, du willst aufrichtige Menschen. Nur wo Vertrauen und Ehrlichkeit regieren, kann Liebe und Friede gedeihen. Laß uns klar und eindeutig reden. Hilf uns, glaubwürig zu sein. Gib uns den Mut, die Wahrheit zu sagen, wenn es uns auch zum Nachteil gereichen sollte.

**zur Reihe VI:** Abrahams Fürbitte (Gen 18,2o-33)
Himmlischer Vater, in Sodom fanden die vielen Ungerechten den Tod. Nur e i n Gerechter wurde gerettet. Auf Golgatha fand der einzig Unschuldige den Tod, damit a l l e, die wir dein Gericht verdienen, gerettet würden. Wir danken dir, daß du in deinem Sohn die Arme weit ausbreitest, daß auch wir in deinem Erbarmen Platz finden.

### FÜRBITTENGEBET

Lieber Gott, Herrscher über Raum und Zeit, in deiner Hand ruht unser Leben. Du rufst uns zurück, wann es dir gefällt. Wir bitten dich: Laß uns bereit sein, dir unser Leben zurückzugeben im Vertrauen, daß der Tod uns nicht aus deiner Hand reißen kann. Laß uns bedenken, daß wir sterben müssen, damit wir klug werden. Hilf uns, daß wir uns nicht an Vergängliches hängen, sondern das Loslassen aller irdischen Dinge üben. Dir wollen wir vertrauen. Dir wollen wir uns überlassen, wenn wir unseren Leib der Erde übergeben. Laß uns nicht verloren sein. Wir bitten dich: Sei du allen nahe, die nur noch auf den Tod warten, denen kein Arzt mehr helfen kann. Steh allen Kranken und Sterbenden bei. Amen.

## 24. SONNTAG NACH TRINITATIS

**Wochenspruch:** Mit Freuden sagt Dank dem Vater, der uns tüchtig gemacht hat zu dem Erbteil der Heiligen im Licht.
Kol 1,12

### PSALM

Die Erlösten des Herrn werden wiederkommen
und nach Zion kommen mit Jauchzen;
ewige Freude wird über ihrem Haupte sein.

Herr, lehre mich doch,
    daß es ein Ende mit mir haben muß
und mein Leben ein Ziel hat
    und ich davon muß.
(Laß mich bedenken, daß mein Leben nicht endet,
    sondern vollendet wird bei dir.
Laß mich über den Grabesrand hinausschauen,
    auf daß ich klug werde.)
Siehe, meine Tage sind eine Handbreit bei dir,
    und mein Leben ist wie nichts vor dir.
Wir gar nichts sind alle Menschen,
    die doch so sicher leben!
Sie gehen daher wie ein Schatten
    und machen sich viel vergebliche Unruhe;
sie sammeln und wissen nicht,
    wer es einbringen wird.
Nun, Herr, wessen soll ich mich trösten?
    Ich hoffe auf dich.

Die Erlösten des Herrn werden wiederkommen,
und nach Zion kommen mit Jauchzen;
ewige Freude wird über ihrem Haupte sein.

nach Jes 35,1o/Ps 39

## 24. SONNTAG NACH TRINITATIS

### KOLLEKTENGEBET

Jesus Christus, Herr und Bruder, anbetend stehen wir vor deiner Macht und Herrlichkeit. Wir bitten dich: Mach uns gewiß, daß wir dereinst deine Herrlichkeit schauen dürfen und dich mit allen, die uns im Glauben vorausgegangen sind, loben und preisen werden, der du mit dem Vater in der Einheit des Heiligen Geistes lebst und regierst von Ewigkeit zu Ewigkeit. Amen.

### GEBET

**zur Reihe I:** Jairus Tochter (Mt 9,18-26)
Allmächtiger Gott, für deinen Sohn ist der Tod wie ein Schlaf. Wir danken dir, daß unser Entschlafen ein Erwachen bei dir sein wird, daß der Tod zum Türhalter degradiert wurde. Herr, wir bitten dich: Nimm uns die Angst vor dem Tod. Wir müssen durch den Tod hindurch. Mach uns gewiß, daß wir hindurch müssen und nicht nur hinein, daß der Weg über Golgatha hinausführt in den Ostermorgen.

**zur Reihe II:** Ebendbild Gottes (Kol 1,9-2o)
Allmächtiger Gott, dein Sohn ist dein Ebenbild. An ihm können wir erkennen, wie du zu uns stehst, wie freundlich du es mit uns meinst. Wir bitten dich: Laß uns dein Angesicht leuchten, wenn uns unser Gewissen anklagt. Laß dein Antlitz über uns erhoben sein, wenn wir unseren Kopf vor Scham senken. Gib uns deinen Frieden.

**zur Reihe III:** Alles hat seine Zeit (Pred 3,1-14)
Allmächtiger Gott, die Zeit eilt dahin, als flögen wir davon. Wie schnell vergehen die Jahre. Was haben wir nicht schon alles erlebt auf den verschlungenen Wegen unseres Lebens. Vieles bleibt uns rätselhaft. Manches erscheint uns im Nachhinein als vertane Zeit. Wir können die Zeit nicht festhalten. Wir bitten dich: Bleibe du uns gnädig zugewandt und führe uns an deiner Hand, bis auch unsere Zeit einfließt in das Meer deiner Ewigkeit.

## 24. SONNTAG NACH TRINITATIS

**zur Reihe IV:** Vision vom Gräberfeld (Hes 37,1-14)
Allmächtiger Gott, der Prophet hat ein grausiges Bild gezeichnet von der Auferstehung. Wir erschrecken immer wieder, wie mächtig der Tod ist, und wie triumphal er seine Siege feiert. Du aber, o Herr, wirkst in der Stille. Mach uns gewiß, daß wir bei dir nicht verloren sind, wenn der Tod nach uns greift, daß wir von dir mehr erwarten dürfen als dieses Erdenleben.

**zur Reihe V:** Unser Leben hat ein Ziel (Ps 39,5-8)
Allmächtiger Gott, wir verenden nicht wie Tiere, sondern wir vollenden unser Leben. Lehre uns bedenken, daß wir sterben müssen. Laß uns klug und weitsichtig werden, daß wir über den Grabesrand hinausblicken. Gib uns eine Hoffnung, die der Tod nicht zu zerstören vermag. Gib uns die Hoffnung, die an dir festhält, wenn alles hoffnungslos zu sein scheint; die auf dich gründet, wenn wir ohne Grund sind und ins Bodenlose stürzen. Dies, Herr, halten wir von dir, daß wir von dir gehalten werden im Leben und im Sterben.

**zur Reihe VI:** Erbteil der Heiligen (Kol 1,12)
Allmächtiger Gott, du hast uns ein Erbe in Aussicht gestellt, das der Vergänglichkeit nicht unterworfen sein wird: ewiges Leben, ein Dasein in deiner Nähe, die Befreiung von Sünde, Tod und allem Elend. Wir bitten: Hilf, daß wir uns auf deine Verheißungen einlassen, deiner Zusage trauen und davon getragen werden.

## FÜRBITTENGEBET

Herr Jesus Christus, uns ist die Zeit und Stunde, in der du uns aus diesem Leben abberufen wirst, nicht bekannt. Wir bitten dich: Laß uns jederzeit bereit sein, vor dich hinzutreten. Wir wollen nicht auf unser Tun vertrauen, sondern auf dich allein. Du hast uns versichert, daß bei dir keiner verloren ist, der deine Liebe annimmt. Hab Dank, Herr, daß wir unter der Last unserer Sünden nicht zerbrechen müssen, daß wir vielmehr aufblicken dürfen zu deinem Kreuz. Herr, dich beten wir an. Amen.

# DRITTLETZTER SONNTAG

**Wochenspruch:** Siehe, jetzt ist die Zeit der Gnade, siehe, jetzt ist der Tag des Heils.  2 Kor 6,2b

## PSALM

Herr, erweise uns deine Gnade und gib uns dein Heil!

Herr, du bist unsere Zuflucht für und für.
Ehe denn die Berge wurden und die Welt geschaffen wurden,
    bist du, Gott, von Ewigkeit zu Ewigkeit.
Der du die Menschen lässest sterben und sprichst:
    Kommt wieder, Menschenkinder!
Denn tausend Jahre sind vor dir wie der Tag,
    der gestern vergangen ist
    und wie eine Nachtwache.
Du lässest sie dahinfahren wie einen Strom,
    sie sind wie ein Schlaf,
wie ein Gras, das am Morgen noch sproßt,
    das am Morgen blüht und sproßt
    und des Abends welkt und verdorrt.
Das macht dein Zorn,
    daß wir so vergehen.
Lehre uns bedenken, daß wir sterben müssen,
    auf daß wir klug werden.

Herr, erweise uns deine Gnade und gib uns dein Heil!

nach Ps 85,8/Ps 9o

# DRITTLETZTER SONNTAG

## KOLLEKTENGEBET

Jesus Christus, Herr und Bruder, uns ist Zeit und Stunde nicht bekannt, wann du uns abberufen wirst. Wir bitten dich: Laß uns allezeit bereit sein, vor dich hinzutreten, nicht auf unsere Werke vertrauend, sondern einzig in der Gewißheit, daß du barmherzig bist und keinen von dir wegstoßen wirst, der dein Erbarmen sucht. Wir hoffen auf deine Gnade, der du mit dem Vater in der Einheit des Heiligen Geistes lebst und regierst von Ewigkeit zu Ewigkeit. Amen.

## GEBET

**zur Reihe I:** Wann kommt Gottes Reich? (Lk 17,2o-3o)
Vater Jesu Christi, der Fahrplan der Geschichte bleibt uns verborgen. Du willst, daß wir jederzeit bereit sind, vor dein Angesicht zu treten. Unsere Erdenzeit ist vorläufige, dem Eigentlichen vorauslaufende Zeit. Wir bitten dich, Herr: Weil wir bei dir eine Zukunft haben, deshalb laß uns die Gegenwart nicht verachten, sondern unsere Verantwortung in der Welt wahrnehmen.

**zur Reihe II:** Leben oder sterben dem Herrn (Rö 14,7-9)
Vater Jesu Christi, unser Leben ist nicht Selbstzweck, sondern Vorbereitung auf deine Ewigkeit. Aus deiner Hand kommen wir. Du rufst uns zurück, wann es dir gefällt. Wir bitten dich: Bewahre uns die Hoffnung, daß wir bei dir nicht verlorengehen. Du hast uns wie Handlinien in deine Hand eingraviert und uns in deinem Herzen einen ewigen Platz bereitet.

**zur Reihe III:** Böse Geister austreiben (Lk 11,14-23)
Vater Jesu Christi, führe uns aus der Stummheit heraus, daß wir dich bezeugen und bekennen. Du hast dich zu uns bekannt. Hilf, daß unser Leben dir die Ehre gibt. Stärke unseren schwachen Glauben, unsere halbherzige Liebe, unsere zerbrechliche Hoffnung. Wir möchten deinen Namen groß machen. Hilf uns dazu.

## DRITTLETZTER SONNTAG

**zur Reihe IV:** Der Mensch lebt nur kurz (Hiob 14,1-6)
Vater Jesu Christi, wir erschrecken, wie schnell unsere Jahre vergehen, wie uns das Alter näher kommt, und der Tag plötzlich da sein kann, an dem wir dir Rechenschaft ablegen müssen. Herr, gib uns Ruhe ins Herz. Laß uns Geborgenheit erfahren, weil du uns in Jesus dein Erbarmen zugesagt hast. Jesus will unser Fürsprecher sein. Auf ihn allein hoffen wir, denn zu vieles in unserem Leben könnte uns anklagen. Sei uns gnädig, Herr.

**zur Reihe V:** Die bittende Witwe (Lk 18,1-8)
Vater Jesu Christi, wenn wir auf unserem Recht bestehen wollten, zögen wir uns ein Verdammungsurteil zu. Wir bauen auf deine Barmherzigkeit. Dein Sohn hat uns dazu ermutigt. Sieh nicht auf unseren schwachen Glauben, sondern sieh auf Jesu starke Liebe zu uns. Laß uns im Leben und im Sterben deiner Barmherzigkeit gewiß sein.

**zur Reihe VI:** Weder Zeit noch Stunde (1 Thess 5,1-11)
Vater Jesu Christi, jede Tageszeitung belehrt uns, wie schnell unsere Todesstunde da sein kann. Das Abnehmen unserer Kräfte, die zunehmende Hinfälligkeit, das Voranschreiten der Jahre - das alles sind Höflichkeitsbesuche des Todes. Hilf uns, die Zeichen für wahr zu nehmen und die Augen nicht zu verschließen, damit wir klug werden und uns deinem Erbarmen anvertrauen. Das soll uns nicht trübsinnig machen. Jeden Tag werden wir um so dankbarer als Geschenk aus deiner gütigen Hand empfangen.

## FÜRBITTENGEBET

Herr Jesus Christus, wir danken dir, daß der Tod nicht der Endpunkt ist. Du hast ihn vielmehr zum Doppelpunkt gemacht. Danach erwartet uns ein verwandeltes Leben, befreit von Sünde und allen Gebrechen, ein Leben in ungetrübter Gemeinschaft mit dem Vater. Herr, laß diese Gewißheit unser Denken und Tun bestimmen, damit die Auferstehung unser Leben prägt, damit wir uns von den Dingen dieser Welt nicht gefangennehmen lassen, sondern sie auf dem Hintergrund deiner Ewigkeit gebrauchen. Amen.

## VORLETZTER SONNTAG

**Wochenspruch:** Wir müssen alle offenbar werden vor dem Richterstuhl Christi.　　　　　　　　　　　2 Kor 5,1o

### PSALM

Geh nicht ins Gericht mit deinem Knecht;
denn vor dir ist kein Lebendiger gerecht.

(Der Dankbare hält Gottes Namen in Ehren.
　　Heilsam ist es, im Dank Zufriedenheit zu gewinnen.)
Opfere Gott Dank
　　und erfülle dem Höchsten deine Gelübde.
(Wende dich in deiner Not an ihn
　　so wirst du Grund finden, ihn zu preisen.)
Aber zum Gottlosen spricht Gott:
"Was hast du von meinen Geboten zu reden
　　und nimmst meinen Bund in deinen Mund?
Begreift es doch, die ihr Gott vergesset,
　　damit ich nicht hinraffe, und kein Retter ist da!"

Gehe nicht ins Gericht mit deinem Knecht;
denn vor dir ist kein Lebendiger gerecht.

　　　　　　　　　　　　　　nach Ps 143,2/Ps 5o

# VORLETZTER SONNTAG

## KOLLEKTENGEBET

Jesus Christus, Herr und Bruder, du wirst uns fragen, ob wir dich erkannt haben im Angesicht unseres Nächsten, ob unser Leben eine rechte Antwort war auf deine Liebe. Aller Stolz wird uns dann vergehen. Wir bitten dich: Schau nicht auf uns, sondern erinnere dich, was du für uns gelitten hast. Laß dein Leiden uns zugutekommen, der du mit dem Vater in der Einheit des Heiligen Geistes lebst und regierst von Ewigkeit zu Ewigkeit. Amen.

## GEBET

**zur Reihe I:** Vom Weltgericht (Mt 25,31-46)
Gott, unser Vater, die Gerechten im Gleichnis vom Jüngsten Gericht waren überrascht, weil sie nichts anderes getan hatten, als was sie für selbstverständlich hielten. Die Ungerechten aber waren Rechner und nicht Liebende. Sie sagten: "Ja, wenn wir das gewußt hätten...!". Herr, laß uns so selbstverständlich lieben. Hilf, daß wir deine Liebe nicht enttäuschen.

**zur Reihe II:** Das Leiden der Kreatur (Rö 8,18-25)
Gott, unser Vater, das grausige Gesetz vom Fressen und Gefressenwerden in der Natur erschreckt uns. Das Leiden der Kreatur, das Recht des Stärkeren über den Schwächeren steht so wenig mit deinem Gesetz der Gnade in Verbindung, daß wir es nur als Folge der Sünde verstehen können. Herr, laß die leidende Kreatur Anteil haben an deinem heilsamen Willen. Hilf, daß wir Tiere nicht quälen, daß wir Ehrfurcht vor unseren Mitgeschöpfen entwickeln.

**zur Reihe III:** Der betrügerische Haushalter (Lk 16,1-9)
Gott, unser Vater, laß uns klug sein wie jener ungerechte Haushalter, der über den nächsten Tag hinaus schaute und sich überlegte, wie er in der Zukunft bestehen könnte. Dein Sohn hat bereits alles getan, was nötig ist: Am Kreuz hat er die Schuldscheine, die uns anklagten, für nichtig erklärt, indem er die Schuld auf sich nahm. Wir danken dir, Herr, für solches Erbarmen.

# VORLETZTER SONNTAG

**zur Reihe IV:** Getreu bis an den Tod (Offbg 2,8-11)
Gott, unser Vater, deine Gemeinde in Smyrna wurde bedrängt. Wir leiden keine Verfolgung, aber wir werden belächelt. Unser Glaube wird von der Gleichgültigkeit bedroht. Dabei kann es nicht gleich gültig sein, ob du oder der Tod das letzte Wort sprechen werden über uns. Herr, hilf uns, daß wir die Krone des ewigen Lebens erringen, daß wir gewiß werden: Bei dir werden wir bleiben - heute und in Ewigkeit.

**zur Reihe V:** Das Recht des Herrn (Jer 8,4-7)
Gott, unser Vater, Fallen ist keine Schande, aber Liegenbleiben. Doch unser letzter Fall macht uns ohnmächtig. Wir können nicht aus eigener Kraft aufstehen. Du mußt uns auferwecken. Wenn du nicht Ja zu uns sagst, bleibt das Nein des Todes bestehen. Wenn du uns nicht in dein Reich rufst, bleiben wir da, wohin wir nicht wollen. Herr, erbarme dich unser. Reiß uns aus der Gewalt des ewigen Todes. Laß uns deine Herrlichkeit schauen.

**zur Reihe VI:** Offenbar vor dem Richter (2 Kor 5,1-1o)
Gott, unser Vater, vor deinem Richterstuhl werden wir nackt stehen. Da hört jedes Maskenspiel auf. Wir bitten dich: Reich uns dann den Deckmantel deiner Barmherzigkeit. Laß uns dein Erbarmen finden, laß deine Liebe größer sein als deinen Zorn, wie du es am Kreuz gezeigt hast.

## FÜRBITTENGEBET

Herr Jesus Christus, du hast gesagt: "Folge mir nach!". Diese Nachfolge läßt keinen Umweg um Leiden und Sterben zu. Wir bitten dich für alle, denen das Leben zur Last geworden ist: Laß sie auf dein Kreuz schauen und dahinter das Osterlicht der Auferstehung erkennen, damit sie nicht verzweifeln. Wir bitten dich für alle, die einen lieben Menschen verloren haben, die vor einer Operation stehen, deren Ehe zerbrochen ist, die keinen Ausweg aus Schuld und Verstrickung sehen: Laß sie nicht versinken in ihrem Schmerz und Kummer, sondern höre du ihr Rufen. Amen.

## BUSS - UND BETTAG

**Spruch des Tages:** Gerechtigkeit erhöht ein Volk, aber die Sünde ist der Leute Verderben.  Spr 14,34

### PSALM

Gott, sei mir gnädig nach deiner Güte,
und tilge meine Sünden nach deiner großen Barmherzigkeit!

Wasche mich rein von meiner Missetat,
    und reinige mich von meiner Sünde;
denn ich erkenne meine Missetat,
    und meine Sünde ist immer vor mir.
(Wo ich schuldig geworden bin an anderen,
    da bin ich schuldig geworden vor dir.)
An dir allein habe ich gesündigt
    und übel vor dir getan,
auf daß du recht behaltest in deinen Worten
    und rein dastehst, wenn du richtest.
(Gott, mach mein Wesen neu,
    daß dein Geist mich leite.)
Schaffe in mir, Gott, ein reines Herz,
    und gib mir einen neuen, beständigen Geist.
Verwirf mich nicht von deinem Angesicht,
    und nimm deinen heiligen Geist nicht von mir.
Erfreue mich wieder mit deiner Hilfe,
    und mit einem willigen Geist rüste mich aus.

Gott, sei mir gnädig nach deiner Güte,
und tilge meine Sünden nach deiner großen Barmherzigkeit!

nach Ps 51

# BUSS - UND BETTAG

## KOLLEKTENGEBET

Jesus Christus, Herr und Bruder, du hast keine Freude am Verderben des Sünders. Du willst die Kluft, die uns von Gott trennt, überbrücken. Laß uns demütig sein und unsere Schuld bekennen. Mach uns gewiß, daß du den Ankläger zum Schweigen bringen wirst durch deine vergebende Liebe am Kreuz, der du mit dem Vater in der Einheit des Heiligen Geistes lebst und regierst von Ewigkeit zu Ewigkeit. Amen.

## GEBET

**zur Reihe I:** Der Feigenbaum (Lk 13,1-9)
Herr, unser Gott, du willst, daß unser Leben eine Buße, eine Umkehr zu dir sei. Hilf, daß wir die Stimme des Gewissens nicht zum Schweigen bringen, daß wir unser Gewissen lebendig sein lassen, denn dein Gericht zielt nicht auf unsere Verdammung, sondern auf unsere Erlösung. Wie dein Sohn dem Feigenbaum nochmals eine Chance gab, so hab auch Geduld und Erbarmen mit uns.

**zur Reihe II:** Alle sind Sünder (Rö 2,1-11)
Herr, unser Gott, im Blick auf unser Versagen können wir nur "Herr, erbame dich!" rufen. Aber im Blick auf das, was dein Sohn für uns gelitten hat, dürfen wir einstimmen in das "Ehre sei Gott in der Höhe", wie es die Engel vor deinem Thron singen. Du demütigst uns, damit wir aufrecht gehen können. Du läßt uns unsere Sünde erkennen, damit uns die Augen über uns selbst aufgehen und wir die große Liebe deines Sohnes preisen. Herr, hilf uns, daß wir die Wahrheit über uns selbst nicht verdrängen.

**zur Reihe III:** Gute und böse Früchte (Mt 12,33-37)
Herr, unser Gott, die Früchte, die wir bringen, verurteilen uns. Du aber sagst dennoch zu uns Ja. Wir danken dir für diese Großmut, für deine Geduld und dein Erbarmen. Hilf uns, daß die Liebe deines Sohnes uns wandle. Wir möchten zu dir umkehren und dir die Ehre geben. Hilf uns dazu, denn unsere Kraft ist schwach.

## BUSS - UND BETTAG

**zur Reihe IV:** Er steht vor der Tür (Offbg 3,14-22)
Herr, unser Gott, wir zählen uns nicht zu den schwarzen, aber auch nicht zu den weißen Schafen. Vieles an uns ist grau. Wir sind weder warm noch kalt. Wir sind wie alte Mäntel: zu schlecht, um noch zu taugen, aber noch zu gut, um weggeworfen zu werden. Herr, hilf, daß unsere Nachfolge entschiedener, unser Gehorsam konsequenter, unsere Liebe überzeugender werde. Gib uns deinen Geist, daß er uns läutere und ermutige in der Nachfolge.

**zur Reihe V:** Die enge Pforte (Lk 13,22-3o)
Herr, unser Gott, deine Langmut ist groß und deine Liebe weit. Doch manchmal überfällt uns die Sorge, ob sie so weit ist, daß auch wir darin noch Platz finden. Dann wollen wir auf das Kreuz deines Sohnes schauen. Wir bitten dich: Wenn uns unser Gewissen verklagt, dann laß uns Trost finden im Zuspruch deiner Vergebung.

**zur Reihe VI:** Was sollen die Opfer? (Jes 1,1o-17)
Herr, unser Gott, was haben die Menschen alles angestellt, wie viele Tiere haben sie als Opfer gebracht, um deinen Zorn zu besänftigen, um dein Erbarmen zu erlangen! Wir danken dir, daß dein Sohn Jesus Christus alles für uns getan hat, daß er uns durch sein Leiden teuer erkauft und uns die Vergebung der Sünden zugesprochen hat. Hilf, daß wir dies nicht als billige Gnade hinnehmen, sondern daß seine Liebe unser Leben wandle.

## FÜRBITTENGEBET

Herr, wir danken dir für Bewahrungen vor Unfall und Gefahr. Wir danken dir für deine Gnade. Du gehst uns mit unerschütterlicher Geduld nach. Wir bitten dich: Mach uns frei von Eitelkeit oder Rechthaberei im Umgang mit anderen. Wo wir Ablehnung spüren, da gib du uns um so mehr Offenheit und Liebe. Laß uns ein Spiegel deiner Liebe sein, die nicht verurteilt und verwirft, sondern erträgt und sucht. Hilf, daß wir deinem Namen Ehre machen. Laß uns einen neuen Anfang wagen. Amen.

## EWIGKEITSSONNTAG

**Wochenspruch:** Laßt eure Lenden umgürtet sein und eure Lichter brennen. Lk 12,35

### PSALM

Ich weiß wohl, was ich für Gedanken über euch habe, spricht der Herr: Gedanken des Friedens und nicht des Leides, daß ich euch gebe das Ende, des ihr wartet.

Wenn der Herr die Gefangenen Zions erlösen wird,
    so werden wir sein wie Träumende.
(Wenn von uns abfällt, was uns bindet,
    dann scheint es uns traumhaft zu sein.)
Dann wird unser Mund voll Lachens
    und unsere Zunge voll Rühmens sein.
(Dann sind wir gelöst und voller Lachen;
    Gott loben fällt uns dann leicht.
Die Ungläubigen werden staunen und fragen:
    "Wie ist das möglich? Was steckt da dahinter?"
Und wir werden antworten:
    "Gott ist der Grund unserer Freude!")
Dann wird man sagen unter den Heiden:
    Der Herr hat Großes an ihnen getan!
Der Herr hat Großes an uns getan;
    des sind wir fröhlich.
Die mit Tränen säen,
    werden mit Freuden ernten.
Sie gehen hin und weinen
    und streuen ihren Samen
und kommen mit Freuden
    und bringen ihre Garben.

Ich weiß wohl, was ich für Gedanken über euch habe, spricht der Herr: Gedanken des Friedens und nicht des Leides, daß ich euch gebe das Ende, des ihr wartet.

nach Jer 29,11/Ps 126

# EWIGKEITSSONNTAG

## KOLLEKTENGEBET

Jesus Christus, Herr und Bruder, du bist das A und das O. In deiner Hand liegen Anfang und Ende der Welt und unseres Lebens. Wir bitten dich: Festige unsere Erwartung, daß du uns an deinen himmlischen Tisch, ins obere Jerusalem rufen wirst. Laß uns im Vertrauen auf deine Barmherzigkeit unserem Sterben entgegengehen, der du mit dem Vater in der Einheit des Heiligen Geistes lebst und regierst von Ewigkeit zu Ewigkeit. Amen.

## GEBET

**zur Reihe I:** Brautjungfern (Mt 25,1-13)
Gott, gütiger Vater, dein Sohn hat die Kirche zu seiner Braut erwählt. Er hat uns seine Liebe erklärt. Er hat sich uns durch die Taufe verlobt. Wie sollten wir da nicht auf die Hochzeit warten dürfen? Wir bitten dich: Laß es uns am Öl deines Wortes und Sakramentes nicht mangeln, damit unser Glaube nicht erlöscht, unsere Hoffnung nicht versiegt, unsere Liebe am Brennen bleibt.

**zur Reihe II:** Gottes Stätte bei uns (Offbg 21,1-7)
Gott, gütiger Vater, du willst unter uns Menschen wohnen. Wenn schon die Nähe der Mutter die Tränen der Kinder zum Versiegen bringt und Wunden heilt, wieviel mehr wird dies geschehen, wenn wir bei dir sein werden und du bei uns. Du wirst abwischen alle unsere Tränen. Die vielen Fragen, die hier auf Erden ohne Antwort bleiben und uns quälen, wirst du beantworten. Herr, wir warten auf deinen Tag. Wenn der Tod nach uns greift, dann kommst in Wahrheit du. Laß uns bereit sein.

**zur Reihe III:** Die ungewiße Stunde (Lk 12,42-48)
Gott, gütiger Vater, unsere Zeit steht in deinen Händen. Hilf, daß der Tod uns nicht überrascht wie ein Feind, daß wir vielmehr gefaßt und im Vertrauen darauf, daß du der Herr bist, auf ihn zugehen können. Laß uns deiner Barmherzigkeit gewiß bleiben und dereinst im Frieden heimfahren.

## EWIGKEITSSONNTAG

**zur Reihe IV:** Neuer Himmel, neue Erde (Jes 65,17-25)
Gott, gütiger Vater, wir danken dir, daß wir nicht ewig traurig sein müssen über den Verlust des Paradieses. Du richtest unseren Blick in die Zukunft und stellst uns dein Friedensreich vor Augen. Laß uns von dieser Hoffnung getragen sein und am Bau deines Reiches mitwirken.

**zur Reihe V:** Seid wachsam! (Mk 13,31-37)
Gott, gütiger Vater, du wärest nicht Gott, wenn du vor dem Tod kapitulieren müßtest. Darum feiern wir Gottesdienste und versammeln uns nicht, um dem Tod die Ehre zu geben. Herr, laß uns festhalten an deinem unvergänglichen Wort der Gnade, damit es uns tröste, wenn wir in Anfechtung geraten, wenn Leid und Schmerzen uns überfallen, wenn wir nur noch der Stunde unseres Todes entgegenwarten. Sei bei uns - heute, morgen und in Ewigkeit.

**zur Reihe VI:** Warten auf Neuschöpfung (2 Petr 3,3-13)
Gott, gütiger Vater, nichts ist so sicher wie der Tod. Und doch sind wir ihm gegenüber so unsicher. Nur dies wissen wir: Dir verdanken wir, daß wir sind. Darauf vertrauen wir, daß uns nichts aus deiner Hand reißen kann. Du hast uns durch die Taufe zu deinem Eigentum erklärt. Laß uns nicht vergessen, daß du unser Heil willst. Du wirst die Geschichte zu dem Ziel führen, das du bestimmt hast - ein Leben in deiner Nähe, eine Neuschöpfung ohne Sünde, ein Leben ohne Sterben.

## FÜRBITTENGEBET

Herr, unser Gott, jeder Morgen ist ein Ostermorgen. Wir stehen auf und dürfen leben und wir wissen nicht, womit wir dies verdient haben. Unser Einschlafen ist ein Vorgeschmack des Entschlafens, unser Aufwachen eine Vorahnung der Auferstehung. Herr, laß uns nicht vergessen, daß Anfang und Ende unseres Lebens in deinen Händen ruhen. Laß uns dir vertrauen und unseren Weg getrost weitergehen. Und wenn du uns Leidvolles zuteilst, so gib uns Kraft und Glauben, damit wir es in der Gewißheit annehmen und tragen: Nichts kann uns aus deiner Hand reißen. Amen.

# ERNTEDANKSONNTAG

**Spruch des Tages:** Aller Augen warten auf dich, Herr, und du gibst ihnen ihre Speise zur rechten Zeit.   Ps 145,15

## PSALM

Herr, wie sind deine Werke so groß und viel!
Du hast sie alle weise geordnet,
und die Erde ist voll deiner Güter.

Es warten alle auf dich,
    daß du ihnen Speise gebest zur rechten Zeit.
Wenn du ihnen gibst, so sammeln sie;
    wenn du deine Hand auftust, so werden sie mit
    Gutem gesättigt.
(Entziehst du uns deine Gnade,
    so ist es gar bald aus mit uns.
In deinem Wollen ist Leben und Sterben begründet.
    Wenn du es willst, erwacht das Leben neu.)
Verbirgst du dein Angesicht, so erschrecken sie;
    nimmst du weg ihren Odem, so vergehen sie und
    werden wieder Staub.
Du sendest aus deinen Odem, so werden sie geschaffen,
    und du machst neu die Gestalt der Erde.

Herr, wie sind deine Werke so groß und viel!
Du hast sie alle weise geordnet,
und die Erde ist voll deiner Güter.

                                                nach Ps 1o4

# ERNTEDANKSONNTAG

## KOLLEKTENGEBET

Jesus Christus, Herr und Bruder, aus des Vaters Hand empfangen wir alles, was wir zum Leben brauchen. Wir bitten dich: Mach unser Herz durch Dankbarkeit weit, daß wir einen Blick für die Notleidenden bekommen und unsere Hände das Teilen lernen. Laß uns in den Gaben die Aufgaben erkennen. Wir loben und preisen dich, der du mit dem Vater in der Einheit des Heiligen Geistes lebst und regierst von Ewigkeit zu Ewigkeit. Amen.

## GEBET

**zur Reihe I:** Der reiche Kornbauer (Lk 12,13-21)
Allmächtiger Gott, du beschenkst uns reichlich. Wir haben mehr, als wir brauchen. Wir leben in einem Land mit gemäßigtem Klima, ohne Flutkatastrophen oder Dürrezeiten. Wir bitten dich: Laß uns nicht vergessen, wie sehr wir bevorzugt sind. Die Voraussetzungen unseres Lebens haben wir nicht selbst geschaffen. Herr, nimm unseren Dank an. Laß uns die nicht vergessen, denen es nicht gut geht, die auf unsere Hilfe warten.

**zur Reihe II:** Einen fröhlichen Geber... (2 Kor 9,6-15)
Allmächtiger Gott, wenn du deine Hand auftust, so empfangen wir. Wenn du deinen Segen zurückhältst, so ist es aus mit uns. Von dir kommt alles, was wir sind und haben. Du füllst uns die Hände, damit wir austeilen können. Lehre uns teilen und loslassen, damit uns die Gaben nicht abgerungen werden müssen. Geben ist seliger als Nehmen. Einen fröhlichen Geber hast du lieb.

**zur Reihe III:** Brich mit dem Hungrigen... (Jes 58,7-12)
Allmächtiger Gott, du behältst die Armen und Hungernden, die Einsamen und Entrechteten im Auge. Du willst, daß wir sie mit deinen Augen sehen. Alle sind deine Geschöpfe. Dich schmerzt es, wenn deine Kinder nicht geschwisterlich miteinander umgehen, wenn sie nicht wie Brüder und Schwestern zusammenhalten. Herr, laß uns die Ärmsten der Welt nicht übersehen.

# ERNTEDANKSONNTAG

**zur Reihe IV:** Alles Geschaffene ist gut (1 Tim 4,4-5)
Allmächtiger Gott, was wir mit Dank aus deiner Hand empfangen, daran dürfen wir uns auch freuen. Wir müssen kein schlechtes Gewissen haben, wenn es uns schmeckt, wenn wir Freude haben an den Gütern deiner Erde. Doch es schmerzt und belastet uns, daß andere nicht einmal das Nötigste zum Leben haben. Wir jedoch leben im Überfluß. Herr, hilf, daß wir zu einer gerechteren Verteilung deiner Gaben kommen, daß die Hungersnot in der Welt überwunden wird. Lehre uns danken und teilen.

**zur Reihe V:** Vom Schätzesammeln (Mt 6,19-23)
Allmächtiger Gott, woran unser Herz hängt, das kann uns zum Götzen werden. Bewahre uns davor, daß unser Besitz uns besessen und unfrei macht, daß wir unsere Gesundheit und menschlichen Beziehungen opfern, um einen bestimmten Lebensstandard zu erreichen, daß wir um goldene Kälber tanzen, von denen wir doch wissen: Sie alle vergehen. Herr, hab Dank für deine Gaben. Laß uns in ihnen dich erkennen, den Geber aller guten Gaben.

**zur Reihe VI:** Bekennen und Handeln (Hebr 13,15-16)
Allmächtiger Gott, was könnten wir opfern, das wir nicht zuvor von dir empfangen hätten? Alles Hergeben ist letztlich nur ein Zurückgeben. Laß unser Lobopfer von den Herzen auf die Lippen, aber auch in die Hände fließen, daß sie sich öffnen, um denen auszuteilen, die Mangel leiden. Denn dazu hast du uns reichlich gesegnet, daß wir den Segen weitergeben.

## FÜRBITTENGEBET

Herr, himmlischer Vater, du hast uns das Leben gegeben. Wir können uns an der schönen Natur erfreuen. Vergib, daß wir oft unachtsam mit den guten Gaben deiner Schöpfung umgehen. Hilf, daß wir unseren Teil dazu beitragen, daß die Natur geschont wird. Wir bitten dich für alle, die Verantwortung tragen in Politik und Wirtschaft: Laß sie Entscheidungen treffen, die die Schöpfung für unsere Nachkommen bewahren. Amen.

## REFORMATIONSTAG

**Spruch des Tages:** Einen anderen Grund kann niemand legen als den, der gelegt ist, welcher ist Jesus Christus.

1 Kor 3,11

## PSALM

Der Herr Zebaoth ist mit uns,
der Gott Jakobs ist unser Schutz.

Gott ist unsere Zuversicht und Stärke,
    eine Hilfe in den großen Nöten,
    die uns getroffen haben.
Darum fürchten wir uns nicht,
wenngleich die Welt unterginge
    und die Berge mitten ins Meer sänken.
wenngleich das Meer wütete und wallte
    und von seinem Ungestüm die Berge einfielen.
(Wenn alles unter uns wankt,
    bist du doch, Gott, der Grund unserer Hoffnung.
Wenn alles vergeht und wir am Ende sind,
    bist du noch lange nicht am Ende mit uns.)

Der Herr Zebaoth ist mit uns,
der Gott Jakobs ist unser Schutz.

nach Ps 46

# REFORMATIONSTAG

## KOLLEKTENGEBET

Jesus Christus, Herr und Bruder, du hast den Grundstein deiner Kirche gelegt. Du baust nicht auf uns, sondern wir bauen auf dich. Mit unserer Macht ist nichts getan. Wir sind nicht gerecht. Aber wir sind dir recht. Darin besteht unsere Rechtfertigung aus Glauben. Unsere Schuld hast du auf dich genommen. Du hast uns befreit von dem Ankläger, der du mit dem Vater in der Einheit des Heiligen Geistes lebst und regierst von Ewigkeit zu Ewigkeit. Amen.

## GEBET

**zur Reihe I:** Seligpreisungen (Mt 5,2-12)
Gott, gütiger Vater, dein Sohn hat glücklich und selig gepriesen alle, die sich für verloren hielten und ihre Hoffnung auf ihn setzten. Dies ist es, was wir von deinem Sohn halten, daß er uns hält, daß er uns nicht fallen läßt und dem Gericht preisgibt, das wir verdienen würden. Du krönst uns mit Gnade und Barmherzigkeit. In deinem Hause wollen wir bleiben unser Leben lang - und darüber hinaus.

**zur Reihe II:** Rechtfertigung aus Glauben (Rö 3,21-28)
Gott, gütiger Vater, vor dir können wir nicht bestehen, wenn wir auf unsere Sünde blicken - auf unsere Tatsünden, aber auch auf unsere Unterlassungssünden. Wir liebten zu wenig. Wir waren nachlässig im Gebet. Unsere Taten und Untaten klagen uns an. Rühmen vor dir ist ausgeschlossen - es sei denn, wir rühmten uns deiner Barmherzigkeit. Das wollen wir tun: dich preisen um deines unendlichen Erbarmens willen.

**zur Reihe III:** Menschen- u. Gottesfurcht (Mt 1o,26-33)
Gott gütiger Vater, alle unsere Haare sind gezählt. Wenn du die Sperlinge nicht geringachtest, wieviel weniger dann uns, für die dein Sohn ans Kreuz gegangen ist. Auf seine Liebe wollen wir uns berufen, auf sein Erbarmen hoffen, uns seiner Barmherzigkeit anvertrauen. Wir haben vor dir nur Bestand, weil Jesus für uns eintritt. Danke, Herr!

# REFORMATIONSTAG

**zur Reihe IV:** Zur Freiheit befreit (Gal 5,1-6)
Gott, gütiger Vater, vor dir zählt nicht, was wir leisten. Weder mit Frömmigkeit noch mit Wissen, weder durch gute Werke noch bürgerliche Anständigkeit können wir uns deine Liebe erkaufen. Liebe will immer freies Geschenk bleiben. Wir bitten dich: Hilf, daß unser Leben eine Antwort sei auf deine Liebe, daß es nicht ohne Folgen bleibt, was dein Sohn für uns getan hat. Wir wollen dir keine Schande machen, sondern deinen Namen hoch halten. Hilf uns, Herr!

**zur Reihe V:** Das Wächteramt (Jes 62,6-12)
Gott, gütiger Vater, du hast uns zu Kindern und Erben deines Reiches erklärt. Du hast uns durch die Taufe hineingenommen in die Schar derer, die bei dir nicht verloren gehen sollen. Wir danken dir für deine Barmherzigkeit und Güte. Wir bitten dich: Hilf, daß wir dich durch die Nachfolge deines Sohnes loben und preisen.

**zur Reihe VI:** Wirken und Vollbringen (Phil 2,12-13)
Gott, gütiger Vater, einerseits sollen wir uns Mühe geben, daß wir selig werden, andererseits bist du es selbst, der bereits durch deinen Sohn alles erwirkt hat. Wir bitten dich: Stärke unseren guten Willen, damit unser Tun und Lassen uns nicht Lügen straft. Wirke du das Vollbringen, damit wir uns nicht verleiten lassen, fordernd vor dich hinzutreten. Unsere Liebe zu dir sei allezeit Antwort und nicht Voraussetzung. Laß uns deiner Barmherzigkeit gewiß bleiben.

## FÜRBITTENGEBET

Herr Jesus Christus, wir bitten dich für deine Kirche. Hilf, daß wir dich einmütig bekennen, daß wir zur Geschwisterlichkeit unter dem e i n e n Vater zurückfinden. Gib allen, die sich um das ökumenische Gespräch bemühen, Ausdauer, aber auch Ungeduld. Gib uns die Liebe zu dir, die höher ist als alle Vernunft. Weil deine Macht an den Grenzen der Kirche nicht aufhört, bitten wir dich um Frieden für alle Menschen: Laß Gerechtigkeit und Menschlichkeit wachsen unter den Völkern und Religionen. Amen.

# Verlag Lydia Gerlach

Aus der Praxis - Für die Praxis
Arbeitshilfen von Heinz Gerlach
Grosse Allee 48, 34454 Arolsen
Ruf o5691 - 5o112

## FÜR SENIORENARBEIT

Drei Bände mit je 31 bzw. 25 ausgearbeiteten Seniorennachmittagen und vielen Kopiervorlagen.

Auch für andere Gemeindekreise finden Sie viele Anregungen. Nach kurzer Zeit bereits mehrere Auflagen!
je 216 Seiten

## FÜR DEN PFARRER
## FÜR DIE PFARRERIN

Anregungen zu Advent und Weihnachten.
Material für Adventsfeiern, Andachten und Krippenspielen, Vorlesegeschichten, Bildmeditationen und Bastelanregungen.
Ein Praxis-Buch mit vielen Kopiervorlagen.
24o S.

Meditationen und Gedankensplitter zu Passion, Ostern und Pfingsten.
2o8 S.

Bausteine für Ansprachen zu Taufe, Konfirmation, Trauung und Beerdigung.
2o8 S.

## FÜR ERWACHSENENARBEIT

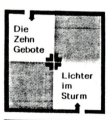

HIOB LEBT NOCH - FRAGEN SUCHEN ANTWORT
- Der immer brennenden Frage nach dem Sinn des Leides wird mit dem Hiobbuch und modernen literarischen Texten nachgegangen.

DIE BERGPREDIGT - IM TAL GEHÖRT
- Auslegungsgeschichte -   Mit der Bergpredigt Politik machen? - Wem gelten die Seligpreisungen?

SPRACHE DER BIBEL - IHR TIEFERER SINN
- Eva aus der Rippe?...Jungfrauengeburt?...Himmelfahrt?... "Steine des Anstoßes" beseitigen, das ist das Ziel.

DIE ZEHN GEBOTE - LICHTER IM STURM
- Wie wurden die Zehn Gebote ursprünglich verstanden? Wie wurde ihr Verständnis durch Jesus und die Kirchengeschichten verändert? - Was gehen sie uns an?

DIE GROSSE HOFFNUNG - BILDER DER EWIGKEIT
- Was ist Hoffnung? Worauf gründet sie? Der Himmel als Opium? Die Erde als Himmelsersatz?

GLEICHNISSE UND WUNDER JESU
- 16 ausgearbeitet Bibelarbeiten mit method. Tips.

URGESCHICHTEN, RUTH UND PSALMEN.
- 16 ausgearbeitete Bibelarbeiten mit method. Tips

THEMA : GLAUBE          THEMA : KIRCHE
- Zwei Glaubensseminare für Erwachsene, die sich informieren und ihren Glauben vertiefen wollen. Mit vielen graphischen Hilfsmitteln (Kopiervorlagen).

9 Gemeindeseminare je Band 8o-128 Seiten